認知行動療法を提供する
クライアントとともに歩む
実践家のためのガイドブック

伊藤絵美＋石垣琢麿 監修
大島郁葉＋葉柴陽子＋和田聡美＋山本裕美子 著

金剛出版

認知行動療法を提供する

クライアントとともに歩む
実践家のためのガイドブック

伊藤絵美＋石垣琢麿 監修
大島郁葉＋葉柴陽子＋和田聡美＋山本裕美子 著

金剛出版

Challenge the CBT シリーズの序

総監修
石垣 琢麿
丹野 義彦

　1980年代以降，認知行動療法の理論と実践は全世界に広がりました。わが国では，2010年に認知療法によるうつ病の治療が保険点数化されたことからもわかるように，すぐれた先達のおかげで，この10年で急速に普及が進みました。わが国における認知行動療法の臨床研修システムはまだ十分とは言えません。しかし，臨床家・研究者は，これまでも，積極的に海外で学んだり，勉強会・研修会を継続的に開いたりして地道に経験と研鑽を積み重ねてきました。今後ますます増える認知行動療法を学びたいという人々にとって，これら先輩の経験は定番のテキストとともにとても貴重な資料となるでしょう。

　「Challenge the CBT」シリーズの第一の目的は，認知行動療法を実践している臨床家の経験や方法をわかりやすく解説し，身近に指導してくれる人がいないという場合の実践への敷居を低くすることです。シリーズの読者には，対人援助の専門家だけではなく，心の問題で苦しんでいる当事者や，そのご家族と関係者も含まれています。

　本シリーズには，無味乾燥なマニュアルや研究書ではなく，クライエントと治療者の喜びや苦労も含めて「日常臨床の姿」がはっきりと浮かび上がるような著作が集められています。認知行動療法ではさまざまなマニュアルがすでに整備されていますが，それに従って実践するだけでは，当然のことながらうまくいきません。クライエントと臨床家とが互いに真剣に向き合うなかで，これまでにどのような工夫がなされてきたのかを知ることは，当事者や認知行動療法の初学者だけでなく，自分の臨床を振り返りさらに深めたいと考える経験豊かな臨床家にも資するところ大だと考えます。このシリーズが多くの方々の役に立つことを願ってやみません。

監修者まえがき

伊藤 絵美

　認知行動療法（以下，CBT）とは，ストレスと上手に付き合うための心理学的アプローチです。私はCBTを専門とするカウンセリング機関を運営していますが，そこでは私を含む10数名の臨床心理士が，来談者（クライアント）の方々に対して，CBTに基づくカウンセリングを提供しています。その最終目的は，クライアントがCBTを身につけ，自分のために使いこなすことを通じて，クライアントが自らのストレスと上手に付き合えるようになることです。ストレスと上手に付き合えるようになれば，ちょっとやそっとのストレスにやられっ放しになることがなくなり，生活の質が高まります。今までストレスに奪われていたエネルギーが奪われなくなり，そのエネルギーを楽しいことや，やるべきことに回せるようになります。そういう意味では，CBTは，病気の治療法というよりは，身につけて使いこなすと役に立つ「心の健康法」のようなものだと私は考えています。

　CBTが「心の健康法」であれば，具合が悪くなってからではなく，健康なとき，あるいは「ちょっと調子が悪いかな」ぐらいの状態のときに身につけておけば，ストレスによって具合がひどく悪くなることを防げます。私が運営する機関には，かなり具合が悪くなってしまった人たちが通うことが多いため，CBTを身につけてセルフヘルプに使ってもらえるようになるまでには，相応の期間や回数を要します。それはそれでやむを得ないとして，できればそうなる前に予防として，あるいは一度具合が悪くなった人が回復した場合は再発を防ぐために，CBTを身につけてもらいたいと常々私は考えています。

　では予防や再発予防のためにCBTを身につけるにはどうしたらよいでしょうか？お金と時間をかけて専門機関に通うべきでしょうか？……もちろん答えは「ノー」です。そしてこれらの問いに対するひとつの回答が，2011年に出版された『認知行動療法を身につける──グループとセルフヘルプのためのCBTトレーニングブック』（以下，「トレーニングブック」）でした。光栄なことに，私は監修者としてこの本に関わらせてもらいました。

　この「トレーニングブック」は，実にさまざまな用途に使えるとても有益な「実用書」です。健康な人や「ちょっと疲れたかな」という人，あるいは再発を予防したい

という人は,「トレーニングブック」を使うことで(ただ「読む」だけでは意味がありません。実用書として「使う」必要があります),CBTを身につけ,ストレスと上手に付き合えるようになります。つまり,強力な「心の健康法」をひとつ手に入れることができるのです。私は健康な人を対象にメンタルヘルスやストレスマネジメントに関する講演を行うことがよくありますが,その際には,必ず「トレーニングブック」を紹介しています。また,副題に「グループ」という言葉が入っているように,一人きりで使うだけでなく,グループ形式で皆で一緒に使いながらCBTを学ぶことができます。これらの使い方をする場合,専門家は不要です。個人やグループでCBTの自主トレーニングをするようなものです。

　しかし実際には,治療やカウンセリングの場面で,専門家が患者さんやクライアントにCBTを提供する際に,この本を活用することが少なくないことに私たちは気がつきました。これは大きな気づきでした。専門家が治療や援助のツールとして「トレーニングブック」を使うことは案外多い。もしそうだとしたら,せっかくなので,「トレーニングブック」の内容を余すところなく,十分に患者さんやクライアントに伝えてほしい。専門家としてCBTを提供するのであれば,その効果を最大限に引き出してほしい。患者さんやクライアントがCBTをしっかりと身につけて,一生モノの「心の健康法」として使いこなせるようになるよう手助けしてほしい。専門家が使うのであれば,「トレーニングブック」に書かれてあることの背景情報や,より専門的な内容をしっかりと理解して,「正しく」使ってほしい。少なくとも「誤った」使い方だけはしてほしくない——

　こういった思いを受けて作られたのが,本書『認知行動療法を提供する』です。ですから本書は当事者(患者さん,クライアント)向けというよりは,CBTを治療や援助として提供するプロフェッショナルに向けて書かれた本です(とはいえ,当事者が本書を読むことも十分に有用だと思います。深く知れば知るほど,CBTはセルフヘルプの役に立つはずですから)。本書には,CBTを治療場面やカウンセリングで活用する際に役に立つ具体的な情報が,「これでもか」というぐらいたっぷりと書かれてあります。言い換えれば,「専門家としてCBTを提供するのであれば,最低限これぐらいの知識はもっていてほしい」ということが書かれてある本だとも言えます。本書が,CBTを個人やグループに提供する多くの専門家に読まれ,「実用書」として活用され,ひいてはそれが多くの当事者の「心の健康」につながることを,本書の監修者として切に願っております。

　最後に,このような素晴らしい本を書き上げた著者の皆さんに最大の敬意を表して,この「まえがき」を締めくくりたいと思います。皆さん,大変お疲れ様でした。素晴らしい仕事をされましたね!

はじめに

　本書は2011年に出版した『認知行動療法を身につける』というトレーニングブックのガイドブック版です。『認知行動療法を身につける』は，実際に認知行動療法を身につけたいというクライアント向けのワークブックでした。本書は，認知行動療法を提供する人（本書では「トレーナー」と呼んでいます）に向けた，トレーニングブックを適切に使用するためのマニュアルとなります。

　『認知行動療法を身につける』を出版してから早くも4年の歳月が流れました。この4年間で，認知行動療法はより体系化され，それに伴い実践者も増えているように思えます。その大きな要因としては，認知行動療法の研修施設や認知行動療法を専門とする大学教員が増え，認知行動療法をトレーニングする制度が整ってきたことがあるでしょう（研修制度については巻末「さらに学びたい人のために」のセクションに情報を記載しています）。2013年には「日本行動療法学会」が「日本認知・行動療法学会」と名称変更することにもなり，認知行動療法の広がりを感じます。

　このように認知行動療法は広まりつつあり，その概念は分岐し，異なる心理療法と統合され，つまり多様化してきているとも言えます。
　『認知行動療法を身につける』は，認知行動療法のなかでも，クライアント側の多様な状態や疾患にそれぞれ対応できるように，なるべくシンプルで汎用性の高い構造を保てるための工夫をしました。しかしそれは逆に言えば，治療者にとってはマニュアル化された部分が少なく，実際に使うときのイメージがわかない場合もあるかと思います。たとえば「アセスメントを進めてきたが，クライアントが，アセスメントをすると自分のダメさがわかって落ち込むと言う」というようなケースです。そのようなトレーナーに対して，本書ではなるべく実際の臨床場面を多数にわたり提示し，トレーナーのイメージを補足できるようにしました。

このガイドブックが，お読みになられた治療者の方々にとって，実際の臨床場面で，安定した治療構造の設定や，意義深い治療につながることを願っております。

大島 郁葉
葉柴 陽子
和田 聡美
山本 裕美子

目次

Challenge the CBT シリーズの序◆総監修 石垣琢麿｜丹野義彦 ………… 3
監修者まえがき◆伊藤絵美 ………… 4
はじめに◆大島郁葉｜葉柴陽子｜和田聡美｜山本裕美子 ………… 6
本書の使い方 ………… 16
トレーナーに必要とされる態度やスキル ………… 18

第1回
ストレスマネジメント・認知行動療法とは ………… 27

第1回のアジェンダ ………… 28

1 第1回に必要なトレーナーのスキル ………… 29
　1──ストレスマネジメントとの関連でCBTをわかりやすく説明する ………… 29
　2──ストレスマネジメントやCBTに対する参加者のモチベーションを高める ………… 29
　3──認知と行動に注目する理由と，それらは自分の力で変えられることを参加者に正しく
　　　理解してもらう ………… 32
　◉スキルのまとめ ………… 33

2 理論と技法の解説 ………… 34
　1──ストレス理論について ………… 34
　2──CBTの成り立ちについて ………… 36
　3──CBTとほかの心理療法との違い ………… 37
　4──CBTの基本モデルについて ………… 38

3 トラブルシューティング ………… 39
　1──今回のワークのトラブルシューティング ………… 39

第2回
自分のストレスを知ろう1 ……… 41

第2回のアジェンダ ……… 42

1 第2回に必要なトレーナーのスキル ……… 43
1――ストレス体験をきめ細かくモニタリングする必要性について，わかりやすく解説する ……… 43
2――参加者がモニタリングを体験し，その効果を実感したあとで，外在化とマインドフルネスについてわかりやすく説明する ……… 44
◉スキルのまとめ ……… 46

2 理論と技法の解説 ……… 47
1――CBTにおけるモニタリングについて ……… 47
2――外在化の意義について ……… 47
3――CBTにおけるマインドフルネスについて ……… 48

3 トラブルシューティング ……… 49
1――前回のホームワークのトラブルシューティング ……… 49
2――今回のワークのトラブルシューティング ……… 51

第3回
自分のストレスを知ろう2 ……… 53

第3回のアジェンダ ……… 54

1 第3回に必要なトレーナーのスキル ……… 55
1――CBTの基本モデルに沿ったアセスメントの意義や方法をわかりやすく説明する ……… 55
2――対処について説明し，アセスメントに対処を含める意義や方法をわかりやすく説明する ……… 56
3――アセスメントを繰り返し行なう意義をわかりやすく説明し，モニタリングとアセスメントに対する参加者のモチベーションを高める ……… 58
4――具体例を通じてCBTの基本モデルを再確認してもらう ……… 59
5――参加者が主体的に自分のストレス体験をアセスメントし，外在化できるように手助けする ……… 60
◉スキルのまとめ ……… 64

2 理論と技法の解説 ……… 66
1――CBTにおけるアセスメントの位置づけについて ……… 66
2――メタ認知について ……… 66
3――コーピング（対処）について ……… 67

3 トラブルシューティング ………… 68
    1──前回のホームワークのトラブルシューティング ………… 68
    2──今回のワークのトラブルシューティング ………… 69

第4回
自分のストレスを知ろう3 ………… 71

第4回のアジェンダ ………… 72

1 第4回に必要なトレーナーのスキル ………… 73
    1──自動思考というなじみのない概念を，具体例を通じてわかりやすく説明する ………… 73
    2──自動思考が他の反応を引き起こしていることを，具体例を使ってわかりやすく説明する ………… 74
    3──参加者が自分の体験にあてはめて，自動思考という現象が自分にも起きていることを発見してもらう ………… 76
    4──自動思考をつねにモニタリングする意義をわかりやすく説明して，参加者のモニタリングに対するモチベーションを高める ………… 78
    5──自分に対する気づきを高める一助となるように，自動思考のパターンの一覧を提示する ………… 79
    ◉スキルのまとめ ………… 79

2 理論と技法の解説 ………… 80
    1──CBTにおける認知について ………… 80
    2──認知の階層について ………… 82

3 トラブルシューティング ………… 85
    1──前回のホームワークのトラブルシューティング ………… 85
    2──今回のワークのトラブルシューティング ………… 86

第5回
自分のストレスを知ろう4 ………… 87

第5回のアジェンダ ………… 88

1 第5回に必要なトレーナーのスキル ………… 89
    1──外在化した体験に参加者がマインドフルな構えで向き合い，さまざまな気づきを得られるように心理教育やソクラテス式質問を行なう ………… 89
    2──参加者とともにアセスメント結果をまとめながら，自らの体験をまとめる参加者のスキルを見極める ………… 90
    3-A──自らの体験をまとめることができる参加者に対しては，まとめる力を引き出し，自身の言葉でまとめることを助ける ………… 91
    3-B──自らの体験をまとめるスキルが不足している参加者に対しては，参加者の体験からトレーナーがパターンを見出して，参加者が納得できるまとめを提示する ………… 92

4──今までの作業をねぎらうことによって，参加者の自己効力感やモチベーションを高めたり維持したりするよう働きかける ……… 93
　　　5──まとめたあとも，セルフモニタリングをしたり，自分のパターンを理解したりするための作業を続けるよう促す ……… 93
　　　◉スキルのまとめ ……… 94

　2 理論と技法の解説 ……… 95
　　　1──ケースフォーミュレーションについて ……… 95
　　　2──病理モデルを知っておくことの意味 ……… 96

　3 トラブルシューティング ……… 100
　　　1──前回のホームワークのトラブルシューティング ……… 100
　　　2──今回のワークのトラブルシューティング ……… 101

第6回
幅広いものの捉え方を検討しよう1 ……… 103

第6回のアジェンダ ……… 104

　1 第6回に必要なトレーナーのスキル ……… 105
　　　1──認知再構成法の概要と意義を，具体例を通じてわかりやすく説明し，技法の習得に対するモチベーションを高める ……… 105
　　　2──認知再構成法の手続きの概要を説明し，全体の流れについての見通しを立てる ……… 108
　　　3──認知再構成法において，ストレス体験の一場面を切り取り，自動思考，気分・感情，行動，身体反応を同定する意義を説明する ……… 108
　　　4──切り取った一場面のストレス体験における自動思考と気分・感情の強さを評定する意義と方法を，わかりやすく説明する ……… 112
　　　5──認知再構成法で検討する自動思考の選び方を，わかりやすく説明する ……… 113
　　　6──アセスメントのセッションで身につけたことが認知再構成法でも使えることを理解してもらい，新しい技法に気楽に取り組んでもらうための構えを形成する ……… 115
　　　◉スキルのまとめ ……… 116

　2 理論と技法の解説 ……… 117
　　　1──認知再構成法について ……… 117
　　　2──認知再構成法のツールについて ……… 118

　3 トラブルシューティング ……… 122
　　　1──前回のホームワークのトラブルシューティング ……… 122
　　　2──今回のワークのトラブルシューティング ……… 123

第7回
幅広いものの捉え方を検討しよう2 125

第7回のアジェンダ 126

1 第7回に必要なトレーナーのスキル 127
1——自動思考を検討するための質問集の意義をわかりやすく説明する 127
2——質問集の各質問の意味をわかりやすく説明したうえで，自動思考についてブレインストーミングを行なう 127
3——ブレインストーミングを通じてアイデアを出す意義とルールについて，わかりやすく説明する 133
4——参加者に楽しく自由な気持ちでブレインストーミングをしてもらい，質問集になじんでもらう 133
● スキルのまとめ 133

2 理論と技法の解説 134
1——認知再構成法の質問集について 134

3 トラブルシューティング 136
1——前回のホームワークのトラブルシューティング 136
2——今回のワークのトラブルシューティング 136

第8回
幅広いものの捉え方を検討しよう3 139

第8回のアジェンダ 140

1 第8回に必要なトレーナーのスキル 141
1——ブレインストーミングで出てきたアイデアを素材に新たな思考を案出し，その強さを評定する方法をわかりやすく説明する 141
2——「新たな思考を案出した効果」を検証する方法について，わかりやすく説明する 145
3——強く信じられるような新たな思考を参加者が主体的に案出し，外在化するよう手助けする 148
4——新たな思考を案出した効果を検証することを手助けし，どのような結果でも温かく共有し，一連の作業を終えたことをねぎらう 148
5——認知再構成法を繰り返し練習することの意義や効果をわかりやすく説明し，今後練習を続けるためのモチベーションを高める 149
● スキルのまとめ 150

2 理論と技法の解説 151
1——認知再構成法の自動化について 151

3 トラブルシューティング ………… 152
　1──前回のホームワークのトラブルシューティング ………… 152
　2──今回のワークのトラブルシューティング ………… 152

第9回
問題解決に取り組もう1 ………… 155

第9回のアジェンダ ………… 156

1 第9回に必要なトレーナーのスキル ………… 157
　1──参加者の視点を認知から行動に切り替える ………… 157
　2──問題解決法は行動を変えるための技法のひとつであることを参加者に理解してもらう ………… 157
　3──問題解決法の手続きの概要を参加者に理解してもらう ………… 158
　4──問題解決法に対する参加者のモチベーションを高める ………… 158
　5──問題解決法の手続き①「問題状況を具体的に把握する」について，Iさんの例を通じて具体的に理解してもらう ………… 159
　6──問題解決法の手続き①では，大きなストレスではなく，日常的なストレス体験を挙げてもらう ………… 159
　7──問題解決法の手続き②「問題解決のための認知を整える」について，Iさんの例を通じて具体的に理解してもらう ………… 161
　8──問題解決法の手続き①で選んだ問題状況に対して，問題解決のための認知をあてはめ，体験的に理解してもらう ………… 162
　9──自分なりの「問題解決のための認知」を考え，自分の問題状況にあてはめてもらう ………… 163
　◉スキルのまとめ ………… 163

2 理論と技法の解説 ………… 165
　1──問題解決法について ………… 165
　2──問題解決法における認知について ………… 165

3 トラブルシューティング ………… 166
　1──前回のホームワークのトラブルシューティング ………… 166
　2──今回のワークのトラブルシューティング ………… 167

第10回
問題解決に取り組もう2 169

第10回のアジェンダ 170

1 第10回に必要なトレーナーのスキル 171
1──現実的な目標を参加者がイメージとして思い描けるようにする 171
2──「目標イメージ」を具体化するための手段を，ブレインストーミングによって参加者が楽しく案出できるようにする 173
◉スキルのまとめ 176

2 理論と技法の解説 177
1──問題解決法における目標について 177
2──問題解決法におけるブレインストーミングについて 178

3 トラブルシューティング 179
1──前回のホームワークのトラブルシューティング 179
2──今回のワークのトラブルシューティング 180

第11回
問題解決に取り組もう3 183

第11回のアジェンダ 184

1 第11回に必要なトレーナーのスキル 185
1──参加者が臨場感をもってイメージしながら，最終的な行動計画を立てられるように手助けする 185
2──行動実験の心理教育を行ない，行動実験とその結果の検証への参加者のモチベーションを高める 186
◉スキルのまとめ 187

2 理論と技法の解説 188
1──行動実験について 188
2──エクスポージャーのための問題解決法について 188
3──衝動コントロールのための問題解決法について 189

3 トラブルシューティング 190
1──前回のホームワークのトラブルシューティング 190
2──今回のワークのトラブルシューティング 191

第12回
まとめ ……… 193

第12回のアジェンダ ……… 194

1 第12回に必要なトレーナーのスキル ……… 195

1──プログラムで実践してきたことを参加者が達成感をもって振り返ることができるように，CBTの全体像をあらためて提示する ……… 195

2──参加者が自分自身の気づきやスキルの獲得を確認できるように，プログラムの「おさらい」をする ……… 195

3──プログラム終了後もCBTを実践できるように参加者のモチベーションを高めて，一緒に計画を立てる ……… 199

4──プログラムを終えられたことを心からねぎらい，その気持ちを参加者に率直に伝える ……… 202

◉スキルのまとめ ……… 202

2 理論と技法の解説 ……… 203

1──CBTと学習の熟達化について ……… 203

2──CBTと再発予防について ……… 204

3──CBTとQOL（生活や人生の質）の向上について ……… 204

3 トラブルシューティング ……… 205

1──前回のホームワークのトラブルシューティング ……… 205

2──今回のワークのトラブルシューティング ……… 205

トレーナーが陥りがちなトラブルとその対策 ……… 208
さらに学びたい人のために──「認知行動療法を提供する」スキルを身につける ……… 216
あとがき◆大島郁葉 ……… 226
監修者あとがき◆石垣琢麿 ……… 229
巻末付録 ……… 230
　付録1■アセスメントと対処のシート ……… 230
　付録2■ストレス場面における自動思考を同定するためのシート ……… 231
　付録3■自動思考を検討するためのシート ……… 232
　付録4■新たな思考を案出するためのシート ……… 233
　付録5■目標を達成するための具体的な手段のシート ……… 234
　付録6■問題解決をするためのシート ……… 235

本書の使い方

1 この本の構成

この本は以下のような構造で『認知行動療法を身につける』（本書では，「トレーニングブック」と呼びます）の解説を行なっています。また，この本では，認知行動療法を提供する人を「トレーナー」，認知行動療法を受ける人を「参加者」と呼んでいます。

- ◆ トレーナーが抱えがちな困りごととそのCBT的対応策
- ◆ ガイドブック本文（第1回～第12回）
  - ✚ 必要なトレーナーのスキル
  - ✚ スキルのまとめ
  - ✚ 理論と技法の解説
  - ✚ トラブルシューティング
  - ✚ 参考文献
- ◆ さらに学びたい人のために

2 各章の内容について

1――トレーナーが抱えがちな困りごととそのCBT的対応策

ここでは，認知行動療法を行なううえで，どのような場面でも（初期，中期，後期においても，もしくは個人CBTにおいてもグループCBTにおいても），共通して起こりうるトラブルと，そのトラブルへの対応について具体的に紹介しています。セッションの最初に読んでおくと，CBTのなかでどのように参加者と問題解決していくかという姿勢を学ぶことができます。

2──ガイドブック本文

　「**必要なトレーナーのスキル**」では，各回のテーマに応じたトレーナーのスキルを解説しています。各回を開始するまえに熟読して，習得しておくようにしましょう。

　「**理論と技法の解説**」では，各回のテーマに応じた心理学的な理論背景を紹介しています。実際の現場で使う技法の理論背景を押さえておくことで，参加者に対して説得力のある説明をすることができます。

　「**トラブルシューティング**」では，実際の現場でトレーナーがぶつかりやすい問題を想定し，その解決策を示しました。これらの解決策はあくまで一例にすぎませんが，参考にしてください。

3──さらに学びたい人のために

　本書にはCBTのエッセンスを多く盛り込んだつもりですが，すべてを網羅しているわけではありません。その代わり，さらに深く学びたいという方のために，利用できる書籍や研修機関などを紹介しています。必要に応じて参考にしてください。

トレーナーに必要とされる態度やスキル

1 本プログラムを行なうにあたって必要なトレーナーの基本的な態度やスキル

ここでは，トレーナーが本プログラムを個人セッションやグループセッションで実施するにあたって，必要不可欠な態度やスキルについて説明します。

a 傾聴，受容，共感という基本スキルを活用しながら参加者と活発に対話する

すべての対人援助者にとって必要なコミュニケーションのスキルは，ロジャーズ（Rogers, C.R.）が提唱した「傾聴，受容，共感」であるといわれています。当然ながら，CBTでもこれらのスキルは不可欠です。

傾聴とは，相手の立場に立って話を聴こうとすることです。受容とは，評価や判断を差し控えて相手の話をそのまま受け止めることです。共感とは，相手の話をあたかも自分自身が体験しているかのように感じ取ろうとすることです。CBTのトレーナーも，まずはこれらの基本的な態度を身につける必要があります。

CBTではこれらの基本的な態度に加えて，参加者が抱えている問題を自ら解決したり，新たなスキルを身につけたりするために，参加者との活発な対話を試みます。さまざまな角度から質問して参加者の話を引き出したり，互いに感想を語り合ったりします。つまり，単に参加者の話を聴くだけでなく，積極的に相互的なコミュニケーションを行なうのです。

b CBT全体の流れおよび1回のセッションを構造化する

構造化とは，プログラムやセッションの流れを成り行きに任せず，段取りを決めて，それに沿って計画的に進めることを意味します。構造化することで，参加者とトレーナーは先への見通しを共有し，プログラム全体の目的や今取り組んでいることの意味を適宜確認することができます。それによって，参加者とトレーナーは安心してCBTに取り組むことができます。

CBTの構造化には，プログラム全体に関するものと，1回のセッションに関するものという2つがあります。トレーニングブックを使用する場合は，プログラム全体の

構造化は，トレーニングブックに記載されている順に実施することで可能になります。その際，参加者とトレーナーが一緒に目次を確認することが役に立つでしょう。ただし，トレーニングブックは12回で終結する構成になっていますが，セッション数や各セッションの内容は参加者に合わせて柔軟に変更するよう心がけてください。1回のセッションの構造化は，次に示す「基本的な流れ」に沿って行ないます。

1回のセッションの基本的な流れ

- 開始の挨拶
- ウォーミングアップ（グループセッションの場合）
- 前回のホームワークの共有
- プログラム内容の提示・共有
- プログラム内容の実施
- 今回のホームワークの提示
- 感想の共有

このような構造をホワイトボードや紙に記すことで外在化して，セッション開始時に共有します。ただしトレーナーは，1回のセッションの構造もプログラム全体と同様に，参加者に合わせて柔軟に変更できるように心がけてください。

[c] **参加者とトレーナーはチームを組み，協力しながら進める**

参加者が抱える問題を共に解決したり，参加者がストレスマネジメントのための新しいスキルを習得したりするために，CBTでは参加者とトレーナーがチームを組み，協力する必要があります。参加者とトレーナーは，図1で示すように，同じチームのメンバー同士になると考えてください。トレーナーは，図1を参加者に示しながら，目標を達成するためにチームを組むということを伝えましょう。

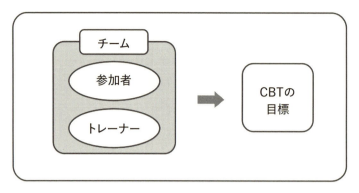

図1 ■ チームワークとしてのCBT

d 積極的に質問をすることで参加者の発言を引き出し，参加者の発言は大切に扱う

　CBTでは相互的なコミュニケーションを重視するため，トレーナーは参加者に積極的に質問をします。その際，トレーナーにとって不可欠なのは，参加者のすべての発言を「傾聴，受容，共感」の態度で受け止め，大切に扱うことです。「質問をする→受け止め大切に扱う」「質問をする→受け止め大切に扱う」という繰り返しによって，トレーナーと参加者の関係が深まり，参加者の積極性が引き出され，参加者自身の気づきが促されます。

e セッションで扱ったものはすべて書き出し，目で見て理解できるようにする

　CBTではセッションで扱ったものはすべて書き出し，目で見て理解できるようにします。これを外在化と呼びます。外在化にはトレーニングブックのpp.46～47で示されたようなさまざまな効果があります。

　トレーニングブックを使用する場合には，掲載されているツールやワークシートに書き出すことで外在化が容易にできます。ツールやワークシートに書き切れない参加者の反応や参加者とトレーナーのやりとりも，紙やホワイトボードに外在化し，最大限利用しましょう。

f 心理教育を通じて参加者の理解を深める

　CBTでは心理教育を重視します。心理教育とは，トレーナーが参加者に対して心理学的な知識や情報を提供することです。トレーニングブックの目的は，CBTを通じてストレスをマネジメントすることですから，ストレスやストレスマネジメントの情報，あるいはCBT全般についての情報を提供することが心理教育に該当します。

　トレーニングブックと本書を参照して，トレーナー自身が心理教育の内容をよく理解したうえで参加者に伝えるようにしましょう。

g 適切なホームワークを設定する

　CBTでは，セッションごとに必ずホームワーク（宿題）を設定します。ホームワークに取り組むことによって，参加者はセッションで習得したさまざまなスキルを日常生活で使いこなせるようになります。

　トレーニングブックを使用する場合には，セッションごとにホームワークが提示されているので活用してください。そして，ホームワークの実行状況や感想を次のセッションで必ず確認しましょう。

2 グループセッションで本プログラムを実施する際に必要なこと

　まず，トレーニングブックが想定しているグループの構造について説明します。

　グループの人数は，3～8人を想定しています。これは，8人を超えると各参加者の話す時間が限られてしまい，講義のような色合いがどうしても濃くなってしまうからです。一方，人数が少なすぎると，グループならではの活発なディスカッションを行なうことが難しくなります。この人数設定を変更する場合には，ディスカッションを活発に行なえるような工夫が必要でしょう。

　次に，1回のセッションの時間は，90～120分を想定しています。トレーニングブックの内容を説明したうえでディスカッションを行なうのであれば，人数が3～4人であったとしても90分は必要です。90分以上のセッションを実施する場合には，休憩を入れたほうがよいでしょう。

　セッションの頻度は，1～2週間に1回程度を想定しています。これ以上間隔が空くと，参加者のモチベーションが低下する恐れがあります。

　以上が，トレーニングブックが想定しているグループの構造です。これ以外の構造をもつグループにもトレーニングブックを使うことはもちろん可能ですが，そのグループの構造に合わせた工夫がさらに必要になります。

　次に，グループを対象とする場合のトレーナーの基本スキルについて具体的に提示します。

a ルールを提示して，それを守ってもらう

　トレーニングブックの巻末付録B「集団認知行動療法に参加されるにあたって」（p.197）でも簡単に紹介していますが，ここではルールについてもう少し詳しく説明します。

①ルールを設定する

　グループを円滑に運営するために，グループに参加するうえでのルールを，あらかじめつくっておきましょう。

　次にルールの一例を示しますが，ルールはCBTが実施される施設の事情や参加者の特性を踏まえてつくってください。

> **ルール**
>
> - 思ったことをそのまま発言しましょう
> - ただし，他の参加者の発言を否定・批判しないようにしましょう
> - 他の参加者の話は，最後まで聴きましょう
> - 話したくないことを無理に話す必要はありません
> - グループに関わる情報は外では話さないでください
> - 遅刻・欠席はしないようにしましょう

②ルールをわかりやすく伝える

　設定したルールを守ってもらえるよう，ルールは参加者にわかりやすく伝えます。そのためには，ルールを外在化しておく必要があります。ポスターにして壁に貼る，印刷して参加者に配布する，といった方法があります。

　次に，参加者にルールに馴染んでもらいます。初回のセッションでルールの根拠も含めて説明し，それ以降のセッションで毎回読み合わせるというように，ルールに頻繁に触れる機会をつくるとよいでしょう。ルールに頻繁に触れていると，参加者がルールを逸脱した際にそのことを確認しやすくなります。

　以下に，初回のセッションでルールを説明する際の例をいくつか示します。

例 説明の例

トレーナー　グループをより良いものとするために守っていただきたいルールがいくつかあります。それをこれから紹介します。

思ったことをそのまま発言しましょう
　皆さんの考えや気持ちをそのまま話していただくことが大切です。思ったことや気持ちを率直にそのままお話しください。

ただし，他の参加者の発言を否定・批判しないようにしましょう
　グループにはいろいろな人がいて，いろいろな考え方や感じ方があります。皆がそれぞれ自分の考えや気持ちをグループで話すためには，安心して話せる環境が必要です。そのためにも，他の参加者の発言を否定・批判しないでください。

他の参加者の話は，最後まで聴きましょう

　他の参加者の話を聴いている最中に何か言いたいことが出てくるかもしれませんが，皆が安心して発言できる環境を保つためにも，ひとまず最後まで聴いてからご自分の意見を言ってください。

話したくないことを無理に話す必要はありません

　グループでは参加者の皆さんにさまざまな話をしていただくことになりますが，もし話したくないことがあれば無理に話さなくてもけっこうです。その場合は，話したくないということを伝えてください。

グループに関わる情報は外では話さないでください

　参加者についての情報やグループで話された内容は，外では話さず，グループ内にとどめてください。

トレーナー　（すべてのルールについて説明したうえで）以上が，グループのルールです。よくわからない点があれば，今話し合いましょう。（質問などを受け付けたうえで）では，確認のためにルールを皆で一緒に読みあげましょう（全員で読みあげる）。

③継続してルールを守ってもらいましょう

　一度共有されたルールは，必ず守りつづけてもらいます。そのためにも毎回のセッションの冒頭で，何らかの形でルールを全員で共有します。また，参加者にルールを守ってもらうためには，トレーナーがルールを守る姿勢を示す必要があります。たとえば，「他の参加者の発言を否定しないようにしましょう」というルールを設定しているグループでは，トレーナーはどのような発言に対してもそれを受け入れ，否定しない姿勢を示しつづける必要があります。それを見た参加者もそのルールに馴染み，守るようになります。万一ルールが破られたら，必ずその場でそのことを確認しましょう。

b 参加者同士の相互作用を活性化する

　個人セッションとグループセッションが大きく異なる点は，1人の参加者にトレーナーだけでなく他の参加者もかかわるということです。したがって，グループセッションでは，トレーナーは参加者の発言を傾聴したり，まとめたり，共感を示したりするだけでなく，参加者間の相互作用を活性化するために工夫をすることが求められます。トレーナーの役割を図に示すと図2のようになります。

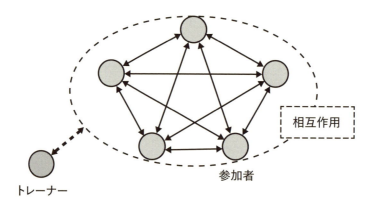

図2 ■ トレーナーの役割

　矢印のついた実線部は，話を聴いたり意見を述べたりする相互作用を示しています。ある参加者が発言をしたらトレーナーは，「Aさんはそう思うのですね。それについてBさんはどう思いますか？」と他の参加者に質問をすることで相互作用を引き出し，活性化します。トレーナーが投げたボールを使って参加者同士がキャッチボールをするようなイメージです。

　グループ内の相互作用を活性化するための下地作りとして，ウォーミングアップを活用することができます。ウォーミングアップは，その後をスムーズに進めるためにもセッション開始時に行なうとよいでしょう。良い雰囲気が生まれると，参加者同士の相互作用が活性化されやすくなります。ウォーミングアップは，楽しく実施することが大切です。以下に，例を挙げます。

- 最近，ラッキーだと感じたことを1つ教えてください。
- 宝くじが当たったらやってみたいことを1つ教えてください。
- 好きな俳優と，好きな理由を教えてください。
- 機会があれば行ってみたい場所を教えてください。
- グループに分かれ，ジャンケンで勝った人に全員でプラスのストロークを浴びせましょう。
- お金がかからないストレス解消法を1つ紹介してください。
- 最近嫌だと感じたことを隣のメンバーに話し，励ましの言葉を1つかけてもらいましょう。

c 必要があれば個別に参加者をフォローする

　グループを運営するなかで，個別対応が求められる場面があります。たとえば，グループの流れについてくるのが大変な参加者や，ストレス体験を発表してネガティブな気分が高まり，トレーナーに助けを求める参加者など，いろいろな状況が考えられます。実施施設によって個別に対応できる範囲に違いはありますが，様子をみて必要

に応じて個別にフォローしましょう。グループセッションでよく見られる問題とその対応を，巻末「トレーナーが陥りがちなトラブルとその対策」（pp.208-214）で紹介していますので参照してください。

第1回

ストレスマネジメント・認知行動療法とは

第1回のアジェンダ

1 第1回に必要なトレーナーのスキル

- ストレスマネジメントやCBTをわかりやすく説明する
- 参加者のモチベーションを高める
- 認知や行動は変えられることを参加者に理解してもらう
- ◆ スキルのまとめ

2 理論と技法の解説

- ストレス理論について
- CBTの成り立ちについて
- CBTとほかの心理療法との違い
- CBTの基本モデルについて

3 トラブルシューティング

参考文献

1 第1回に必要なトレーナーのスキル

1──ストレスマネジメントとの関連でCBTをわかりやすく説明する

　ストレスマネジメントとは，ストレス状況やストレス反応を理解し，上手にストレスと付き合っていく継続的なプロセスのことです。CBTはストレスマネジメント・スキルのひとつとして位置づけられます（トレーニングブック，p.25）。
　CBTの説明は次の順序で行ないます。

　　①ストレスとは何かを説明する。
　　②ストレスマネジメントについてわかりやすく解説する。
　　③そのうえで，ストレスマネジメントの専門的スキルのひとつとしてCBTを紹介する。

　ストレスマネジメントとの関連からCBTを参加者に理解してもらうように心がけることが大切です。身近なストレス対処法の仲間，もしくはその一部として紹介してください。
　また，CBTに対して特別な心の病の治療法というイメージが強い参加者も少なくありません。CBTはさまざまな症状やストレスマネジメント全般に有効であり，日常的に使うことができるスキルを学ぶ方法だということを，参加者に正しく伝えます。

2──ストレスマネジメントやCBTに対する参加者のモチベーションを高める

　新しいことを始めるにはモチベーションを高めることが大切です。CBTでもそれは同じことです。
　まず，「ストレスは生きている限り避けては通れないものです。私たちにできることは，ストレスをなくすことではなく，できるだけうまく対処することです」とストレスマネジメントについて明確に説明します。
　加えて，次のことを伝えてください。

　　①CBTはさまざまな症状やストレスマネジメント全般に対する効果が認められ

ている。
②いまや世界中で使用されている心理療法である。
③CBTを使うことで最終的には日常生活への満足感が向上する。

さらに，トレーナー自身の日常生活でもCBTが役立っていることを具体的に示してください。そのとき，トレーナーが自分の生活に満足していなければなりません。トレーナーは日頃からCBTを使いこなして，自らのストレスマネジメントの維持と向上に努めてください。

CBTの基本モデル（トレーニングブック，p.28）は，一見シンプルですが，個人の体験を，次のような二重の相互作用の循環としてとらえる構造になっていることに注意してください。

①環境と個人の相互作用
②個人の反応における各要素同士の相互作用

トレーニングブックに載っている基本モデルを参加者に伝えるときには，個人セッションであればトレーニングブックの図を指し示し，グループセッションであればホワイトボードに図を描いて，視覚的に提示しながら解説してください。

基本モデルを使ってストレス体験を解説するときは，トレーナー自身のストレス体験をわかりやすく説明してください。そのためにはトレーナーが基本モデルを身近なものにしておく必要があります。自分の体験からCBTモデルをわかりやすい言葉で解説しましょう。次にその例を示します。

例　個人セッション

トレーナー　認知行動療法の基本モデルでは，ストレス体験を「環境（出来事・状況）」に対する体と心の反応としてとらえます。「環境（出来事・状況）」とは，実際に起きているストレッサー，ストレス刺激のことです。体と心の反応は，「認知」「気分・感情」「身体反応」「行動」の4つに分けて考えます。「認知」とは，ストレス刺激を受けたときに頭に浮かんだいろいろな考えやイメージのことです。「気分・感情」とは，うれしい，悲しい，といったそのときに感じた気持ちです。短い言葉で言い表せるのが特徴です。「身体反応」とは，そのときに起こった体の反応のことです。「行動」とは，そのときに取った実際のふるまいです。

　では，具体的なストレス体験の例を示しましょう。たとえば，最近，私は「去年買ったスカートをはこうとしたら入らなくなっていて，ショックを受けた」というストレス体験がありました。「去年買ったスカートをはこうとしたら入らなかった」というのが「環境（出来事・状況）」ですね（このとき「環

境（出来事・状況）」の部分を指し示す）。そのときにどんな反応が出たかというと，「これはまずい」「もうおしまいだ」という考えが浮かんできました。これが「認知」です（「認知」の部分を指し示す）。不安や焦りという「気分・感情」も出てきました（「気分・感情」の部分を指し示す）。それから，「身体反応」としては（「身体反応」の部分を指し示す），胸がドキドキして，少し冷や汗をかきました。「行動」としては（「行動」の部分を指し示す），ほかのスカートもひっぱり出してきて，はけるかどうか次々に確認していきました。

　こんなふうに，CBTではストレス体験を基本モデルに沿って理解していきます。では，Aさんの最近のストレス体験にはどんなものがありましたか？それをCBTモデルにあてはめてみましょう。

Aさん　最近のストレス体験ですか……。歯医者の予約を取ろうと電話をしたのに，何回も話し中で通じなくて，すごくイライラしたことですね。

トレーナー　じゃあ，「環境（出来事・状況）」は「歯医者に予約を入れようと電話をしたら，何回も話し中だった」ということですね（「環境（出来事・状況）」の部分を指し示す）。そのときの反応はどうでしたか？

Aさん　「なんで通じないの？」「考えられない」と思って，とてもイライラしました。

トレーナー　「なんで通じないの？」「考えられない」という考えが頭に浮かんだのですね（「認知」の部分を指し示す）。それで，気持ちは「イライラ」したのですね（「気分・感情」の部分を指し示す）。身体反応や行動はどうでしたか？

Aさん　体がカッとなる感じで，舌打ちをしました。

トレーナー　身体反応が「体がカッとなる」で，行動が「舌打ちをした」ですね（それぞれ「身体反応」「行動」の部分を指し示す）。こんなふうに私たちは，基本モデルを通じてストレス体験を理解することができます。それでは，ほかにも基本モデルの例をいくつか紹介しましょう（トレーニングブック（pp.30〜31）の例を示す）。

解説　トレーナー自身の体験をCBTの基本モデルにあてはめて話すと，参加者は基本モデルを身近なものとして感じやすくなり，理解が深まります。参加者のストレス体験を聞き出し，それを基本モデルにあてはめて検討することも大切です。また，トレーニングブックpp.30-31には，同じストレス状況でも異なる反応が生じる例として，Aさん，Bさん，Cさん，Dさんの事例が載っています。このように，さまざまな人のストレス体験の具体例を使いながらモデルを呈示しましょう。

3 ── 認知と行動に注目する理由と，それらは自分の力で変えられることを参加者に正しく理解してもらう

　このセクションは，トレーニングブックp.35の「4　認知と行動に働きかける意義」にあたります。トレーニングブックではEさんの例が示され，悪循環にどんどん陥っていく様子が描かれています。

　基本モデルの5つの要素のうち，どれを変えればストレス体験から抜け出す突破口となるかを，Eさんの例を使って参加者に示すことが説明のポイントになります。可能ならばEさん以外の例も挙げながら，ストレス体験の悪循環を断ち切る認知や行動について説明しましょう。

例

トレーナー　（CBTの基本モデルを参加者に見せながら）CBTの基本モデルの5つの要素のうち，認知と行動は自分の力で変えることができます。一方，認知と行動以外の気分・感情や行動，ストレス状況そのものは，自分の力ではどうにもならないこともあります。そのために「認知行動療法」という名前がつけられているのです。

　トレーニングブックのp.35に，ストレス体験から抜け出すEさんの例が載っているので確認してみましょう。Eさんは，「職場のパソコンに向かって明日に控えた会議の資料を作っている。思うように仕事がはかどらない」というストレス状況にあって，「明日までにもう間に合わない」「間に合ったとしても，ちゃんとした仕事はできないだろう」と考え，「落ち込み，焦り，あきらめ」といった気分になり，「胃のあたりが重い」「ため息が出る」という身体反応と，「インターネットを立ち上げて，ネットサーフィンを始める。そのままメールチェックをする」いう行動が出現しています。

　では，Eさんが自分の力で変えられそうな部分はどこでしょうか？　たとえば，「明日の会議のための資料を用意しなければならない」というストレス状況自体は，Eさんの力で何とかなるものではありません。また，「落ち込み，焦り，あきらめ」といった気分・感情や，「胃のあたりが重い」という身体反応も，自分の意思で今すぐに変えることはできません。しかし，「とりあえず多く時間をかけて，できるところまで仕上げよう」と考え直して，「インターネットを立ち上げずに資料を作りつづける」行動を取るのは，Eさんが自分で何とかできる部分です。

　このように，ストレス体験の5つの要素のうち，私たちが自分の力で変えることができるのは認知と行動だけなのです。

　最近起きた私の小さなストレス体験をご紹介しましょう。ある映画を観に行ったのですが，満席で観ることができませんでした。そのとき，「なんで予

約しなかったんだろう」「今日一日を無駄にした」という認知が生じました。気分・感情は「後悔」でいっぱいでした。しかし、「せっかく来たのだから、隣で上映している別の映画でも観るか」と考え直し、そのチケットを買って映画館に入る、という行動を取りました。結局、それはたいして面白くなかったのですが、「まあ、暇つぶしになったからいいや」と考え、後悔はなくなりました。こんなふうに、認知や行動は自分の力で変えられる要素で、ストレス体験から抜け出す突破口になりやすいのです。

解説 ここでは、まずCBTの全体像を概説し、その後Eさんの具体例を示して、認知と行動は自分の力で変えられると伝えます。さらに、トレーナー自身の例を示して解説し、参加者が理解しやすくなるよう工夫をしてください。

◉スキルのまとめ

- ◆ストレスマネジメントやCBTについて、わかりやすい心理教育を行ないます。
- ◆CBTの基本モデルの心理教育を、具体例を挙げて行ないます。
- ◆ストレス反応のなかでも「認知」と「行動」は自分の力で変えることができます。だからこそ、それに働きかけるのだということを参加者に正しく理解してもらいます。

2 理論と技法の解説

1──ストレス理論について

　ストレスとは，心身に何らかの負荷がかかった状態をいいます。ストレスには，何かを失う，失敗するといったネガティブな出来事だけでなく，試験に合格する，昇進する，結婚するといったポジティブな出来事も含まれます。

　ストレスは，心身に負荷をかける刺激（ストレッサー，またはストレス刺激）と，ストレッサーにさらされたときの心身の反応（ストレス反応）に分けることができます（図1）。

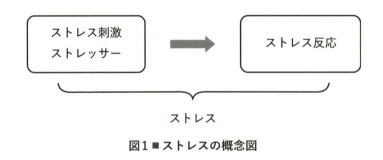

図1 ■ ストレスの概念図

　Selye（1936）は，ストレス反応を体が急に有害反応にさらされたときの防衛反応だと考え，「ゆがみ」を意味する工学用語を援用して「生物学的ストレス」と呼びました。その後，Lazarus and Folkman（1984）は，心理的ストレスのメカニズムには「認知」が媒介要因（間を仲介するもの）として存在すると主張しました（図2）。

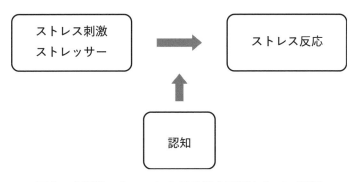

図2 ■ 心理的ストレスにおける媒介要因としての認知

　図2は，同じストレス刺激にさらされても人によって反応が異なる理由を説明しています。ストレス反応の個人差には，その人の「認知」が関係しているというわけです。つまり，ストレス刺激をその人がどのようにとらえるかがストレス反応に影響します。

　たとえば，「電車の遅延で待ち合わせに遅刻してしまう」というストレス刺激にさらされたとき，ある人は不安になるかもしれませんが，ある人は怒り出すかもしれません。前者は「電車の遅延で待ち合わせに遅刻してしまう」という出来事を「遅延といえども遅刻は遅刻だ。待たせている人に申し訳ない」と考えている（認知している）のかもしれませんし，後者は「こんな大事なときに電車が遅延するなんて，鉄道会社はひどい」と考えているのかもしれません。

　心理的ストレスに対して認知が与える影響には「一次的評価」と「二次的評価」の2つがあると考えられています。一次的評価とは，ストレス刺激に対して「この刺激はどのようなものか」「この刺激は自分にとって脅威か」というように，自分との関係や自分への影響を判断する段階です。この段階では，その人のそれまでの価値観，物の見方，考え方が強く影響します。一方，二次的評価とは，ストレスだと判断された刺激に対してどのようにコーピング（対処）すべきか，自分にどのような選択肢があるかを判断する段階です。この二次的評価には，その人がもつ対処幅の広さや対処法を選択するときの傾向などが関係します。

　ストレスに対しては，この2つの評価を経て選択された対処が実行されることになります。対処には，ストレス刺激に直接働きかけるもの（例 迷惑メールが届かないように，そのアドレスをブロックする）もあれば，ストレス反応に働きかけるもの（例 リラックスするために体をほぐす）もあります。どのような対処であれ，その選択肢を増やせば成功する可能性も増えます。図3は，ストレスと対処の関係図です。

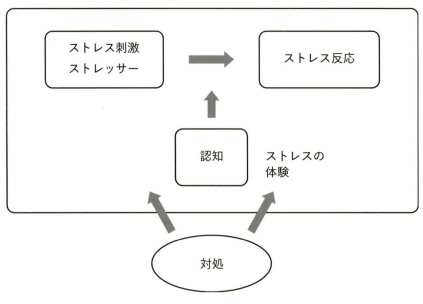

図3■ストレスと対処の関係図

2──CBTの成り立ちについて

　CBTの成り立ちについては諸説ありますが,まず行動理論との関係をみてみましょう。

　1910年代に,アメリカで行動心理学が生まれました。行動心理学は,「心のなか」を推論しようとするそれまでの方法への批判であり,客観的に観察や測定が可能な「行動」を対象とする新たな試みでした。これを行動主義と呼びます。「刺激」「反応としての行動」「その行動の結果」の関連を検討するのが行動主義の基本的なモデルです。この基本的なモデルを三項随伴性と呼びます(図4)。

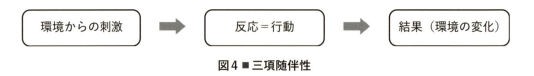

図4■三項随伴性

　行動主義は世界に広がりましたが,実際の臨床場面では問題が徐々に指摘されるようになりました。同じ刺激を与えても各クライアントの反応が同じになるとは限らず,逆に,多様な刺激を与えても各クライアントの反応が異なるとは限らない,というのが根本的な問題でした。また,刺激も反応も観察不可能な場合があることも臨床的には重大な問題でした。これらの問題を解決するために,刺激と行動の間に「認

知」という変数を入れ，従来の三項随伴性を補う認知モデルが発展しました（図5）。刺激と反応の間に認知を入れることで，個人がその刺激をどのように受け止めるか，どのように対処するかを検討できるようになり，行動のみを対象としていたときよりも個人差に対応できるようになりました。

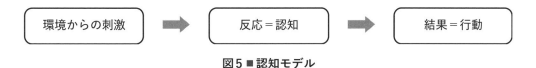

図5 ■ 認知モデル

　1960年代には，うつ病などの臨床群に対して，認知モデルに基づいて介入する方法が登場しました。これが認知療法の始まりです。その後，1990年代頃から，行動療法的な技法も治療パッケージに取り入れられるようになり，CBTがさらに発展しました。

　現在では，「第3世代の認知行動療法」と呼ばれる新しいタイプのCBTも発展しつつあります。マインドフルネスやアクセプタンスという技法を重視しており，認知の内容よりも機能を重視した体験的技法が使われています。本書でも「マインドフルネス」の概念を紹介しています（p.48）。「第3世代の認知行動療法」に関して詳しく知りたい方は，章末に示した参考文献を参照してください。

3── CBTとほかの心理療法との違い

　ほかの心理療法とCBTとの間にはさまざまな違いがありますが，ここでは代表的なものを2つ挙げます。

①トレーナーと参加者がチームを組み，積極的にコミュニケーションを取ること

　CBTではトレーナーと参加者がチームを組み，信頼関係を構築したのちに協同作業を行ないます。これは，そのほかの心理療法のスタイルとは大きく異なる特徴です。こうした態度を「協同的経験主義」と呼びます。

②参加者のセルフヘルプ（自助）を積極的にサポートすること

　CBTでは参加者のセルフヘルプの援助を大きな目的としています。そのため，参加者にさまざまな対処スキルを積極的に習得してもらわなければなりません。また，症状や問題についての心理教育，あるいはCBTそのものについての心理教育を積極的に行ないます。積極的に情報提供を行なうのは，参加者にセルフヘルプの力を身につけてもらうためです。そのためには，自宅でも学習する機会が増えるように資料やホームワークを提供します。

4──CBTの基本モデルについて

　図6はCBTの基本モデルです。CBTの基本モデルには，二重の相互作用が含まれています。ひとつは，「個人」と「環境」がどのように相互作用しているか，ということ，もうひとつは，個人の反応における各要素同士がどのように相互作用しているか，ということです。

　個人と環境との相互作用とは，ある個人と別の個人との相互作用，あるいは個人と社会との相互作用を意味します。個人の反応における各要素同士の相互作用とは，個人の「認知」「気分・感情」「身体反応」「行動」という4つの要素の間の相互作用を意味します。

　CBTでは基本的に，このモデルに沿って個人の体験を理解します。

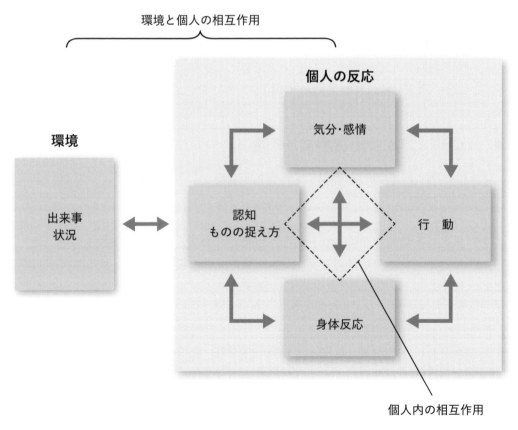

図6 ■ CBTの基本モデル

3 トラブルシューティング

1──今回のワークのトラブルシューティング

> ストレスを感じた具体的なエピソードが「今はない」という参加者がいたら，どうすればよいでしょう？

ストレスを感じた具体的なエピソードが「今はない」と参加者が言う場合，理由として次の可能性が考えられます。

- 「過去にはストレスがあったが，現在はそれが解消されており，話題にしたいストレス体験が今は特にない」
- 「家族や主治医，知人の勧めでCBTを開始しただけで，特に取り上げたいストレス体験が今は思いつかない」

これらに該当する場合は，無理に現在のストレス体験を見つけだす必要はありません。もちろん，過去のストレス体験を話題にしてもかまいません。たとえ過去のものであっても，体験の記憶は鮮明であることが多く，話題にすることは十分に可能です。

- 「話題にしにくいこと（例 性的なこと，反社会的なこと）がストレス体験となっている」

この場合は，まず，話題にしにくいことがストレス体験となっていること自体を，トレーナーもそのまま受け止めましょう。そして，話題にしにくいことであっても，トレーナーと一緒に取り組むことはできると伝えてください。それでも参加者が「話題にするのは嫌だ」と言えば，扱いやすい別のテーマに取り組んでもかまいません。

このように，まずは理由を参加者から教えてもらい，ケースバイケースで対応することが重要です。トレーナーが理由を勝手に推測しないように気をつけましょう。

参考文献

Beck, A.T.（1967/1970）Depression : Causes and Treatment. Philadelphia : University of Pennsylvania Press.
Ellis, A.（1973）Humanistic Psychotherapy : The Rational-Emotive Approach. New York : Julian Press.（澤田慶輔・橋口英俊＝訳（1983）人間性主義心理療法──RET入門．サイエンス社）
Lazarus, R.S. and Folkman, S.（1984）Stress, Appraisal and Coping. New York : Springer.
Selye, H.（1936）A Syndrome produced by diverse nocuous agents. Nature 138 : 32.
伊藤絵美（2005）認知療法・認知行動療法カウンセリング──CBTカウンセリング・初級ワークショップ．星和書店．
熊野宏昭（2012）新世代の認知行動療法．日本評論社．
認知療法・認知行動療法活用サイト「うつ・不安ネット」（http://cbtjp.net）
大野 裕・小谷津孝明（1996）認知療法ハンドブック．星和書店．
嶋田洋徳（2000）認知行動理論．In：坂野雄二＝編：臨床心理学キーワード．有斐閣．

第2回

自分のストレスを知ろう 1

第2回のアジェンダ

1 第2回に必要なトレーナーのスキル
- ストレス体験をモニタリングする必要性を説明する
- モニタリングを体験後に,外在化とマインドフルネスについて説明する
- ◆スキルのまとめ

2 理論と技法の解説
- CBTにおけるモニタリングについて
- 外在化の意義について
- CBTにおけるマインドフルネスについて

3 トラブルシューティング

参考文献

1 第2回に必要なトレーナーのスキル

1──ストレス体験をきめ細かくモニタリングする必要性について，わかりやすく解説する

　モニタリングとは，トレーニングブック（pp.44～45）にあるように，ある出来事が起きたときの具体的な状況や，自分のなかで起こっている反応を細かく観察することです。モニタリングすることによって，私たちは普段あまり意識することのない自分のストレス状況やストレス反応に気づくことができるようになります。それができると，どのような状況や反応であっても，そのストレス体験を「味わう」ことができるようになります（「味わう」とは，観察された状況や自らの反応を，判断せずにそのまま受け入れることです。後に述べるマインドフルネスにも通じる態度を指します）。また，ストレス体験のメカニズムを解明する手がかりを得ることもでき，自己理解も深まります。

　トレーナーは，以上のことを説明したうえで，次のような具体例を挙げます。

例　グループセッション

トレーナー　次にお話しするのは，私が自分のストレス体験をモニタリングしたときのことです。私は，仲の良い友人A子とカフェで待ち合わせをしていました。先に着いた私が席に座ってコーヒーを頼んだ瞬間，鞄のなかの携帯電話が鳴りました。出てみると，A子からでした。A子は，「ごめん！　まだ仕事が終わってなくて……。悪いけど，今日はキャンセルさせて。後でメールするね」と早口で言って電話を切りました。私は，電話の終了音を聞きながらしばらく呆然としていました。ちょうどそのときに運ばれてきたコーヒーに口をつけましたが，大好きな飲み物なのにその味が感じられませんでした。次第に，ふつふつと怒りが湧いてきました。頭のなかに，「今年に入って何回目のドタキャンだと思っているの？」「もっと早く連絡してよ！」という思いが繰り返し湧き，怒りがさらに強まりました。でも，少し時間が経って，「面白い話をして盛り上がりたかったのにな」とか「私，A子に軽くみられているのかな」と思って，残念な気持ちや悲しい思いが湧いてきていることに気づきました。胸のあたりが絞めつけられるような感覚もありました。

このように私自身の心や体に生じるさまざまな反応をしばらく観察しつづけました。約束を突然キャンセルされた怒りだけでなく，別のいろいろな思いや気持ちが反応として出ていると気づいたことで，少し落ち着きを取り戻しました。コーヒーを飲んでみたら，いつもの味がしました。その一杯をおいしく飲み切って，カフェを後にしました。

2──参加者がモニタリングを体験し，その効果を実感したあとで，外在化とマインドフルネスについてわかりやすく説明する

　モニタリングをする必要性を伝えたあとで，参加者にモニタリングを実際に体験してもらい，その効果を実感してもらいましょう。ストレス体験について話してもらう際は，その体験をありありと思い出して語ってもらいます。その際トレーナーは，参加者の発言を，ストレス状況とストレス反応に分けてホワイトボードや紙に書き出します。
　次に，個人セッションの例を示します。

例　個人セッション

トレーナー　では，ストレス体験をきめ細かくモニタリングをしてみましょう。Bさんは，最近どんなことにストレスを感じましたか？　まずは，どんなストレス状況だったのでしょう？

Bさん　この間，英語の時間に指名されて，先生から皆の前で例文を読むように言われました。それがストレスだったんですよね。

トレーナー　ああ，そういうストレス状況があったのですね（図に書き込む）。では，そのときの自分に戻ってみましょう。そのとき，どんな反応がBさんに起こりましたか？

Bさん　まず，「えっ」と思って，何か頭のなかが真っ白になっちゃって……

トレーナー　なるほど（図に書き込む）。ほかにはどんな反応が起きていましたか？

Bさん　そういえば，「つっかえたらどうしよう」って思ったかも。あ，あと，ドキドキしていました。

トレーナー　そうでしたか（図に書き込む）。ほかにはどんな反応がありましたか？

Bさん　まあ，緊張していましたね。あ，そういえば，汗もかいていました。

トレーナー　汗って，どこにかいていたのですか？

Bさん　脇に。

トレーナー　汗をかくほど緊張されていたのですね（図に書き込む）。ほかにはどんな反応がありましたか？

Bさん　う〜ん……

トレーナー　先ほど，「つっかえたらどうしよう」と言われましたが，つっかえたと

きの自分の姿がイメージとして浮かんだりはしていませんでしたか？
Bさん　あ……そういえば浮かんでいました。
トレーナー　どんなイメージでしたか？
Bさん　つっかえて，皆に笑われて，下を向いている自分の姿が浮かんでいました。「そうなったら恥ずかしい」とも思っていました。
トレーナー　なるほど（図に書き込む）。ほかにはどうでしょう？
Bさん　そんなところかなぁ。

図1 ■ Bさんのモニタリング例

トレーナー　（図1を一緒にながめながら）モニタリングしたものをいったんまとめてみましょう。Bさんは，英語の時間に先生から皆の前で例文を読むように言われたことにストレスを感じたのですね（以下，図1に書き出した内容を読みあげる）。これで合っていますか？
Bさん　はい。まさにこんな感じでした。
トレーナー　このようにきめ細かく自分のストレス体験をモニタリングしてみて，どうですか？
Bさん　自分としては頭が真っ白になったことくらいしか覚えていなかったので，こんなにたくさん反応があって，びっくりしました。細かくモニタリングするといろいろと出てくるものですね。

　次に，外在化やマインドフルネスについて，トレーニングブック（pp.46〜47）を参照しながら参加者に説明します。そのうえで，すでに外在化してある参加者のストレス体験を改めて共有し，さらにマインドフルネスについても実感してもらいます。
　以下に，個人セッションの例を示します。これは，外在化とマインドフルネスの説明をしたあとのやりとりです。

例 個人セッション

トレーナー　先ほどお話ししたように，ストレス体験を書き出し，それと距離を置いてながめることを外在化と言いますが，やってみていかがですか？

Bさん　そうですね。書き出すまでは自分のなかで，もやもやした感じがあったけど，書き出すことで自分のことなのに少し客観的にながめられる気がします。

トレーナー　これからもストレス体験があったらこのように外在化してみましょう。では，次に先ほど説明したマインドフルネスを意識しながら，もう一度自分のストレス体験をながめてみましょう。具体的には，そのときの自分の反応をありのままに，じっくりと味わうような感じです（しばらく待つ）。こんなふうにストレス体験をマインドフルにながめてみて，どうですか？

Bさん　たしかにこのとき，自分にはこんな反応が起こっていたなと感じます。実際，ちょっとドキドキしてきました。

トレーナー　そのドキドキもしっかりと味わっておきましょう。これから体験するさまざまなストレスでも，ぜひ自分の体験をマインドフルにながめてみてください。

● スキルのまとめ

- ◆ 第2回では，ストレス体験をきめ細かくモニタリングする必要性について参加者にわかりやすく説明します。
- ◆ 参加者がモニタリングを体験し，その効果を実感したあとに，外在化とマインドフルネスについてわかりやすく説明します。そのうえで参加者に外在化とマインドフルネスを体験してもらい，その効果を実感できるように手助けします。

2 理論と技法の解説

1——CBTにおけるモニタリングについて

　ストレス体験を観察するというモニタリングのスキルは，CBTでは不可欠です。モニタリングができるようになると，トレーニングブック（pp.44〜47）で述べられているような，さまざまな効果が得られます。また，モニタリングのスキルを身につけてはじめて，私たちは自らのストレス体験を外在化したり，マインドフルにながめたりすることができるようになります。次の第3回で解説しますが，ストレス体験のメカニズムを理解するプロセスであるアセスメントでは，モニタリングのスキルが土台となります。さらに，本書の後半で紹介する認知再構成法と問題解決法においても，その出発点はモニタリングです。モニタリングは，CBTのすべての技法の前提となるスキルなのです。

　古典的な行動療法において，モニタリングは，行動に関する具体的な情報を収集するために使われていました。また，古典的な認知療法では，モニタリングは，主に自動思考と感情を把握するために使われていました。それらが統合された今日のCBTでは，モニタリングの対象は行動や自動思考だけではなく，CBTの基本モデルに沿って，状況，認知，気分・感情，身体反応，行動の全体に広げられています。そして，それらを丁寧に観察することが重要だと考えられています。トレーニングブック（p.44）の図をもう一度確認してください。

2——外在化の意義について

　認知心理学において，内的な認知を何らかの形で外界に出すことを「外化」と呼びます。外化の例は，手帳に予定を書いたり，アイデアが浮かんだらメモを取ったりすることです。予定を手帳に書いておけば，その予定を頭に入れておく必要はなくなり，そのぶんの認知的負荷が軽減されます。アイデアをメモに取っておけば忘れずにすみ，また，それをながめることでさらに新たなアイデアが湧くかもしれません。CBTでは，この外化という概念を応用して，自分の体験を外に出すことを「外在化」と呼んでいます（トレーニングブックの図（p.46）を参照してください）。

　外在化にはさまざまな方法がありますが，特に重視されているのは，情報を紙やホワイトボードに書き出すことです。情報が外在化されることで，私たちはそれを客観

的にながめることができるようになります。また，外在化されたものは，記録として使うこともできます。さらに，外在化することで，参加者とトレーナー，あるいはグループの他の参加者が同じ情報を共有しやすくなります。

外在化については，「筆記療法」というテーマで研究され，その効果が確かめられています。筆記とはCBTにおける外在化とほぼ同じ意味で，自分の体験を書き出すことが心身の症状を改善したり，回復を早めたりすることが実証されています。

3——CBTにおけるマインドフルネスについて

CBTの効果は，認知の内容を変えることによってもたらされると考えられてきました。しかし，認知の内容を変えなくても，ただ認知をモニターしたり，ながめたりするだけでも効果があることが徐々に明らかにされています。認知を含む自分のさまざまな反応を，判断することなく距離を置いてながめ，それをそのまま受け止める姿勢のことを「マインドフルネス」と呼びます。マインドフルネスは，今日のCBTではとても注目されています。

一口にマインドフルネスといってもさまざまな方法があります。たとえば，自動思考を中心に自らの反応をリアルタイムにながめる方法や，呼吸や心拍のような身体反応に注目する方法があります。

マインドフルネスも他のスキルと同じく，練習によって身につけることができます。日々の練習によって，距離を置いて自分の反応をながめ，それをそのまま受け止めるという感覚をつかんでください。

さらに詳しく学びたい人は，章末にある参考文献を参考にしてください。

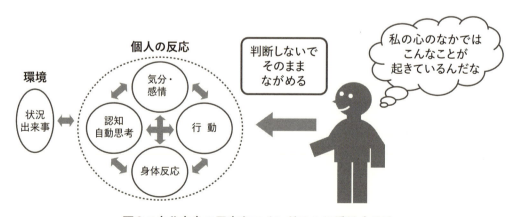

図2 ■ 自分自身の反応をマインドフルに受け止める

3 トラブルシューティング

1──前回のホームワークのトラブルシューティング

> 1.「認知行動療法さえ行なえば，すぐにでも人生の問題がすべてスッキリ解決する」というように，参加者がCBTに過度な期待を寄せている場合には，どう対応すればよいでしょう？

①発言を受け止める

発言した参加者の思いを否定しないように，まずはその思いを受け止めましょう。たとえば，「認知行動療法に対してそのような期待を寄せられているのですね」「このプログラムに対してそのような思いがあるのですね」のように返します。

②CBTを身につけるにしたがって，徐々に問題に対処できるようになると伝える

CBTを身につけるには練習が必要だということをまず伝えてください。そのうえで，CBTのスキルを身につけるにしたがって問題への対処法が増え，結果としてこれまで対処できなかった問題にも少しずつ対処できるようになると伝えます。CBTの効果を，次のような図（図3）を使って示してみるとよいでしょう。

問題に圧倒されている　　　　問題に対処できている

CBT習得前　　　　　　　　　　　　CBT習得後

図3 ■ 練習によるCBTの効果

　CBTを身につける前は問題に対処できず圧倒されて困っていても，CBTを身につけることによって問題に対処できるようになります。さらに，もともと解決したかった問題が解決できるようになるだけでなく，新たな問題にもうまく対処できるようになります。図3を示しながら，このことを参加者に伝えてください。

> 2．人から言われて来ただけであって，参加へのモチベーションはないと言われた場合には，どう対応すればよいでしょう？

①その発言を受け止めたうえで，参加へのモチベーションは徐々に高くなると伝える

　参加者がプログラムに対してそのような思いを抱いていることをまずは受け止めましょう。「今は参加する意欲が少ないのですね」と伝えたり，気持ちを率直に打ち明けてくれたことに対して「率直に気持ちを打ち明けてくれて助かります」とフィードバックしたりします。そのうえで，参加しているとモチベーションが徐々に高まると伝えてください。たとえば，「参加していると，認知行動療法が役に立つことが徐々に実感できるようになると思います。今は意欲が出なくても大丈夫ですよ」と伝えるとよいでしょう。

②変化を恐れている参加者の場合，変化が起きることを強調しない

　自分が変わることを他者から期待されて参加した人のなかには，何らかの理由で変化を恐れたり，変化することに抵抗を感じたりする人がいるかもしれません。そうした参加者には，CBTは変化を前提として行なうものではなく，まず現在起きている問

題を理解したり整理したりするために行なうのだと伝えてください。そして、問題への理解を深めることが参加へのモチベーションになればよいと考えてもらいましょう。

③「問題を理解したくもない」と言われた場合は、CBT はストレスと上手につきあっていくうえで役に立つ手段であることを伝える

問題を理解したくない気持ちを、まずは受け止めましょう。しかしながら、生きていればストレスを感じないことはありませんから、ストレスと上手につきあっていくことが必要となります。CBT はストレスとうまくつきあっていくための有効な手段になりうることを伝えてください。

> 3. ホームワークを確認するときに、「今回はストレスがなかった」と言う参加者には、どう対応すればよいでしょう？

①発言をそのまま受け入れる

「ストレスがなかった」という参加者の発言は、「そうなのですね」とそのまま受け入れましょう。たいていの場合、モニタリング力が向上すると、それまで気づかなかったストレスに気づくことができるようになります。第2回でモニタリングについて説明するため、それまではこのような発言を受け入れる以上の対応は必要ありません。

②グループセッションの場合は、ほかの参加者の発言を聴いたあとで、もう一度尋ねる

グループセッションの場合は、ほかの参加者の発言を聴くうちに、自分にも似たような体験があると気づき、やがて自らのストレスに気づく場合があります。そのため、ストレスがなかったと言う参加者に対しては、ほかの参加者が発言したあとに、もう一度意見を求めてみましょう。

2 ── 今回のワークのトラブルシューティング

> 参加者がモニタリングしたストレス体験を外在化したり、人に話したりすることによって、ネガティブな気分が強くなった場合には、どう対応すればよいでしょう？

①モニタリングによって生じる気分の変化について心理教育を行なう

ストレス体験をきめ細かくモニタリングするほど、ネガティブな気分が強くなることもあります。ワークを始める前に、その可能性を伝えておきましょう。ストレス体験をきめ細かくモニタリングできているからこそ、ネガティブな気分が強くなるのです。そして、ネガティブな気分が強くなったときは、そのネガティブな気分を何とか

しようとするのではなく，マインドフルに受け止めることや，ネガティブな気分は時間とともに必ず治まることを伝えます。どのような気分もしばらく経てば必ず治まることを伝えるために，具体例を挙げてください（例「お化け屋敷でドキドキして怖いと感じても，それが何時間も続くことはないですよね」）。そして，ストレス体験をマインドフルに受け止めることで，外在化する前よりネガティブな気分が緩和することも伝えてください。つまり，ワークをマインドフルネスの練習の場として使うことを参加者と共有しておくことが大切です。

② 高まったネガティブな気持ちを受け止めることに耐えられそうであれば，トレーナーと参加者で一緒に受け止める

　高まった参加者のネガティブな気分を，まずはトレーナーがマインドフルに受け止めましょう。その際，ネガティブな気分が高まっているということは，モニタリングがしっかりできている証拠だと伝えます。そのうえで，高まったネガティブな気分をマインドフルに受け止められるように手助けします。その際には，今回のワークの大変さを共感的に受け止めたうえで，ワークを継続できるかどうか確認してください（例「しっかりとモニタリングができているからこそつらくなったのですね。今の体験をマインドフルに受け止められるようにするために，この話を続けてもよろしいでしょうか」）。また，大変な作業を行なっていることを折に触れて参加者に伝えてください。ワークの継続が難しいと参加者が訴えた場合は，次の③の対応を行なってください。

③ 高まったネガティブな気持ちを受け止めることに耐えられないようであれば，気分転換のためのコーピング（第3回を参照）を一緒に行なう

　上記②の対応が難しい場合には，いったん作業を中断してください。そして，一度別のワークを行なって気分転換を図りましょう。たとえば，深呼吸やストレッチを行なって気持ちを落ち着かせ，最近あった楽しいことについて話してください。

参考文献

Lepore, S.J. and Smyth, J.M.（2002）The Writing Cure : How Expressive Writing Promotes Health and Emotional Well-Being. New York : American Psychological Association.（余語真夫・佐藤健二・河野和明・大平英樹・湯川進太郎＝監訳（2004）筆記療法──トラウマやストレスの筆記による心身健康の増進．北大路書房）
Williams, M., Teasdale, J., Segal, Z. and Kabat-Zinn, J.（2007）The Mindful Way through Depression : Freeing Yourself from Chronic Unhappiness. New York : Guilford Press.（越川房子・黒澤麻美＝監訳（2012）うつのためのマインドフルネス実践──慢性的な不幸感からの解放．星和書店）
伊藤絵美（2011a）ケアする人も楽になる 認知行動療法入門 BOOK1．医学書院．
伊藤絵美（2011b）ケアする人も楽になる 認知行動療法入門 BOOK2．医学書院．
伊藤絵美・向谷地生良＝編（2007）認知行動療法，べてる式。医学書院．

第3回

自分のストレスを知ろう 2

第3回のアジェンダ

1. **第3回に必要なトレーナーのスキル**
   - ✚CBTのアセスメントの意義や方法をわかりやすく説明する
   - ✚アセスメントに対処を含める意義や方法をわかりやすく説明する
   - ✚モニタリングとアセスメントに対する参加者のモチベーションを高める
   - ✚具体例を通じてCBTの基本モデルを再確認してもらう
   - ✚参加者が主体的にアセスメントし，外在化できるように支援する
   - ◆スキルのまとめ

2. **理論と技法の解説**
   - ✚CBTにおけるアセスメントの位置づけについて
   - ✚メタ認知について
   - ✚コーピングについて

3. **トラブルシューティング**

参考文献

1 第3回に必要なトレーナーのスキル

1 ── CBTの基本モデルに沿ったアセスメントの意義や方法をわかりやすく説明する

　CBTの基本モデルについては，第1回ですでに触れていますが，ここではCBTの基本モデルに沿ったアセスメントの意義や方法について説明します。

　アセスメントとは，トレーニングブック（pp.54〜55）にあるように，「環境」と「個人の反応」をモニタリングし，外在化し，CBTの基本モデルに沿って理解することをいいます。自分自身の体験をアセスメントすることは，ストレス対処をするうえで最も重要なプロセスです。なぜなら，環境と個人の相互作用や，個人の反応の各要素同士の相互作用を理解することで，ストレス体験全体のメカニズムが理解でき，対処の方法を考えられるようになるからです。トレーナーは，アセスメントの意義や方法について具体例を示しながら説明してください。

例　グループセッション

トレーナー　では，これから，私自身のストレス体験を使ってアセスメントの意義をご説明しましょう。

　これからお話しするのは，認知行動療法を学びはじめた頃の私のストレス体験です。ストレス状況は，職場の先輩にエレベーターホールで「おはようございます」と挨拶をしたのに挨拶が返ってこなかったというものでした（図1に書き込む。以下同）。まず「無視された」という自動思考が出てきました（図に書き込む）。その後，すぐに「気にさわることでもしたかな」や「この間の件について怒っているのかな」という自動思考も出てきました（図に書き込む）。次に「嫌われちゃったかも」という自動思考が出てきて，先輩に質問しても教えてもらえないイメージも出てきました（図に書き込む）。さらに，「あんなこと，言わなきゃよかったな」という自動思考も出てきました（図に書き込む）。そうこうしているうちに，焦り，不安，後悔という気分が湧いてきました（図に書き込む）。身体反応として胸がドキドキする感じが出てきて，次第に息苦しさも感じるようになりました（図に書き込む）。そして，一番近くの女子トイレに向かうふりをしてその場から離れ，ひとつ後のエレベーターで

自分の席に戻りました（図に書き込む）。

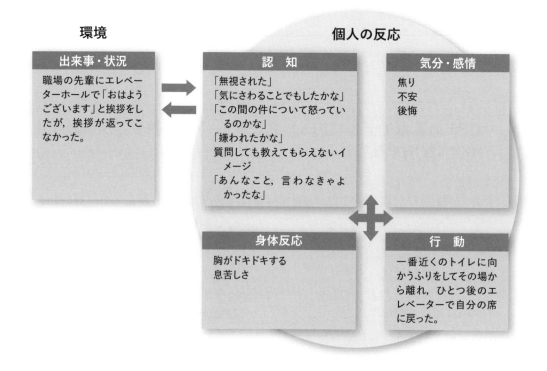

図1 ■ アセスメントの例

　自分の席に戻っても，あまりにもつらかったので，このときの反応をモニタリングして書いてみました。それがこの図（図1）です。
　書き出してみると，自分のなかにあったつらさが外に出て，少し楽になった感じがありました。そして，出来事と自分の反応とのかかわりを客観的にながめることで，自分のつらさのメカニズムがわかり，どう対処すればよいのか落ち着いて考えられるようになりました。

2── 対処について説明し，アセスメントに対処を含める意義や方法をわかりやすく説明する

　対処とは，ストレス体験から抜け出すために行う認知的・行動的な工夫のことです。結果がどうであれ，何らかの工夫をしたら，それを対処欄に加えましょう。トレーニングブック（p.55）にもあるように，日常生活で私たちは，ストレス体験に対して自然に対処しているのです。それをまず認識しましょう。自分の日常的な対処を認識することは有意義です。なぜなら，第1に，ストレス体験が明確になり，自己理

解が深まるからです。第2に，自分はストレス体験に一方的に巻き込まれているのではなく，抜け出すための工夫もしているのだということを理解できるからです。

次に，説明の例を示します（前節の例の続き）。

例　グループセッション

トレーナー　この体験の最中，私はこのストレス反応から抜け出そうと私なりに努力していました。ひとつは，女子トイレに向かうふりをしてその場から離れ，ひとつ後のエレベーターで自分の席に戻ったことです。自分のつらさを何とかしようとする工夫ですから，対処ですね（図2に書き込む。以下同）。自分の席に戻った後は，気分を変えるためにコーヒーを飲みました。これも対処ですね（図に書き込む）。そして，認知行動療法を学びはじめていた当時の私は，「そうだ，このストレス体験を基本モデルに沿って理解しよう」と思い，アセスメントシートにこの体験を書き出してみました。これも対処です（図に書き込む）。書き出したストレス体験をながめてみると，「気にしすぎだったのかなぁ。そこまで気にしなくてもいいんじゃない」と自分に言ってあげられるようになりました。これも対処ですね（図に書き込む）。

このように，対処も含めて外在化すると，このときの体験がはっきりしました。そして，自分がただストレス体験に巻き込まれているだけでなく，そこから抜け出すための工夫をしていたこともわかりました。皆さんもストレスを体験しているときには何らかの対処を同時に行なっているはずですから，アセスメントでは対処まで含めて書き出しましょう。

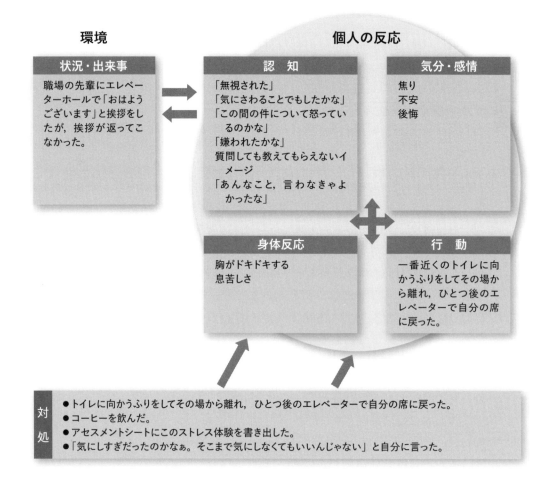

図2 ■ 対処を書き加えたアセスメントシートの例

3──アセスメントを繰り返し行なう意義をわかりやすく説明し、モニタリングとアセスメントに対する参加者のモチベーションを高める

　参加者がアセスメントの意義や方法について理解したら、アセスメントを繰り返し行なうことの意義をわかりやすく説明します。トレーニングブック（pp.56〜57）には、この意義が4つ示されていますので、参加者と共有しましょう。トレーナーの体験談を話すことで、参加者の理解はより深まります。また、過去の参加者の体験を紹介するのも役に立ちます。このようにして、モニタリングとアセスメントを継続して行なうことに対する参加者のモチベーションを高めてください。

　次に、説明の例を示します（前節の例の続き）。

> **例** グループセッション

トレーナー　トレーニングブックの56〜57ページを開けてください。ここにはアセスメントを繰り返し行なう意義が4つ書かれています。これを一緒に読みましょう（参加者と一緒に声に出して読む）。次に，私のストレス体験を例に挙げて，アセスメントを繰り返し行なう意義について具体的に説明します。

　当時，私はこのようなストレスをよく体験していましたが，認知行動療法を学ぶようになり，似たような体験が起きたときにモニタリングしたりアセスメントしたりするようになりました。

　それを繰り返してわかったのは，相手からの反応が返ってこないときにつらくなりやすいということでした。私は，相手からの反応がないと，すぐに「無視された」とか「嫌われた」という自動思考が出てきやすいようです。これは，相手からの反応がない理由がわからないにもかかわらず，自分が「無視された」とか自分が「嫌われた」というように，自分に関連づけた自動思考が出てくるということです。そして，そう考えると不安になったり，胸がドキドキしたり，いろいろなストレス反応が起こることもわかりました。また，とにかくその場から離れるという行動を毎回取っていることにも気づきました。この一連の反応が，相手からの反応がないときの私のパターンだったのです。

　このように自分のパターンが徐々にわかってくると，似たようなことが起きてつらくなりかけたときに，「あ，また同じことが起きている」とすぐに気づけるようになり，そのような自分の反応を落ち着いてアセスメントしたり，対処を考えたりすることができるようになりました。アセスメントシートを，認知行動療法を学んでいる仲間に見せたら，客観的な意見をもらうことができて，それも大変参考になりました。ぜひ皆さんも，継続的にモニタリングとアセスメントを行なってみてください。

4──具体例を通じてCBTの基本モデルを再確認してもらう

　次は，参加者が自分自身でアセスメントできるようになるために，トレーニングブック（p.57）のFさんのストレス体験を使って，アセスメントの方法を具体的に説明します。まず，Fさんの具体的なエピソードとアセスメントの内容を説明します。その際，トレーニングブック（pp.58〜59）を使ってください。参加者がアセスメントの方法を理解できているかどうかを確認してから次の作業に進みましょう。

5──参加者が主体的に自分のストレス体験をアセスメントし，外在化できるように手助けする

　第3回で，参加者は自分のストレス体験をはじめてアセスメントします。はじめての作業ですから，トレーナーが手助けしながら進めます。トレーナーの質問に答えてもらう形で具体的な情報を引き出し，外在化しましょう。最初は，トレーナーが代わりに外在化の作業を行なってもかまいません。

　次に，個人セッションの例を示します。

例　個人セッション

トレーナー　今からCさんのストレス体験を一緒にアセスメントしましょう。最近，どんなことにストレスを感じましたか？　その状況についてまず教えてください。

Cさん　そうだなぁ……。そういえば……上司から企画書についてダメ出しをされて，それがストレスでした。

トレーナー　それは，いつ，どこでの話ですか？

Cさん　3日前に上司が自分の席に来たんですよね。そのときに言われました。

トレーナー　何と言われたのですか？

Cさん　たしか「この前の企画書なんだけどさぁ，大雑把すぎるからちょっとやり直してよ」と言われたな。

トレーナー　どんな言い方でしたか？

Cさん　早口で言われました。そして，答える間もなく去って行きました。

トレーナー　（図に書き込む。以下同）これが，Cさんが感じたストレス状況でしょうか？

Cさん　はい。その通りです。

トレーナー　では，3日前に上司から「この前の企画書なんだけどさぁ，大雑把すぎるからちょっとやり直してよ」と言われたとき，Cさんの頭にはまずどんなことが浮かびましたか？

Cさん　う〜ん，そうだな……「やっぱりダメだったか」と思いました。

トレーナー　（図に書き込む）ほかにはどんなことが頭をよぎりましたか？

Cさん　え〜「あんなに頑張ったのに」とも思ったかな。

トレーナー　（図に書き込む）ほかにはどうですか？

Cさん　次は，「どこを直せばいいんだろう」と思ったかな。でもその瞬間，「自分にはわからない」「わからないなら聞くしかない」「でもこれ以上聞いたら余計ダメだと思われる」ということが頭に浮かんで，「一体どうしたらいいの」って……頭がいっぱいになっちゃったんです。

トレーナー　（すべて図に書き込み，それを指し示しながら）いろいろなことが頭に浮かんだのですね。これらの考えが浮かんで，Cさんの気分はどうなりましたか？

Cさん　嫌な気分になりました。

トレーナー　嫌な気分になったのですね（図に書き込む）。嫌な気分というのは，具体的にどんな感じだったのですか？

Cさん　う〜ん……落ち込んだ感じだったのかな。

トレーナー　なるほど。落ち込んだ感じだったのですね（図に書き込む）。ほかにもありますか？

Cさん　う〜ん……あとちょっと焦っていたかも。

トレーナー　なるほど（図に書き込む）。ほかにはどうですか？

Cさん　ほかにはないと思います。

トレーナー　では，体にはどんな反応が起きていましたか？

Cさん　ちょっと胸がキュッとする感じはありました。不安なときによく起きるんです。

トレーナー　胸がキュッとしたのですね（図に書き込む）。ところで，不安なときによく起きるということは，このときも不安だったのですか？

Cさん　そうかもしれません。

トレーナー　じゃあ，それも気分に入れておきましょうか（図に書き込む）。ほかにも体の反応はありましたか？

Cさん　脇に汗をかきました。

トレーナー　そうですか（図に書き込む）。では，このとき，どんな行動を取りましたか？

Cさん　企画書をファイルから取り出して読もうとしたんですけど，何度も同じところを読み直してしまって……全然頭に入ってこなかったんですよね。

トレーナー　なるほど（図に書き込む）。

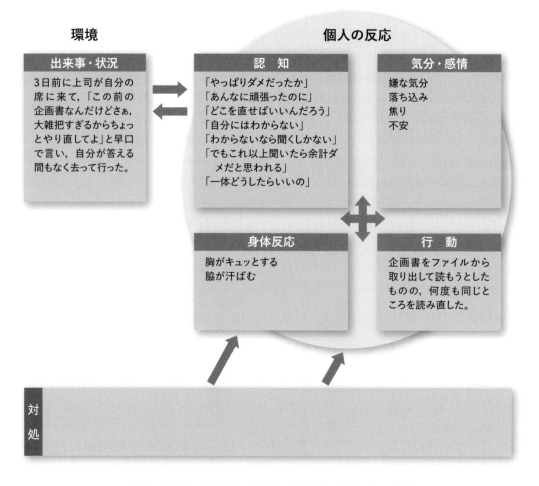

図3 ■ Cさんのストレス体験のアセスメントシート①

トレーナー （アセスメントシートを2人でながめながら）では，ここでいったんまとめてみましょう。まずストレス状況としては，3日前に上司がCさんの席に来て，「この前の企画書なんだけどさぁ，大雑把すぎるからちょっとやり直してよ」と早口で言って，Cさんが答える間もなく去って行ったのですね。そのときにCさんの頭には「やっぱりダメだったか」「あんなに頑張ったのに」「どこを直せばいいんだろう」「自分にはわからない」「わからないなら聞くしかない」「でもこれ以上聞いたら余計ダメだと思われる」「一体どうしたらいいの」という考えが浮かんだのですね。すると嫌な気分になりました。落ち込み，焦り，不安を感じたりしていました。体には胸がキュッとする感じが出て，脇に汗もかいてもいました。そして，企画書をファイルから取り出して読もうとしたけれど，何度も同じところを読み直してしまいました。これで合っていますか？
Cさん 合っています。
トレーナー なるほど，こういうストレス体験があったのですね。こんなふうにまと

めてみて,どう感じますか？

Cさん　ずいぶん細かく見ていくんだなぁと感じました。でも,こうやって細かく見てみると,自分にいろいろな反応が出ていることがよくわかりました。

トレーナー　（アセスメントシートの対処欄を指し示しながら）では,次に対処について考えてみましょう。このようなストレス体験から抜け出すために,Cさんはどんな工夫をしましたか？

Cさん　そうだなぁ。まず,トイレに行ったかな。そこで,ちょっとストレッチをしました。

トレーナー　そうですか（図に書き込む）。ほかにはどんな工夫をしましたか？

Cさん　そういえば,上司はそもそも厳しい人なんですよね。この前,先輩もやり直しをさせられていたみたいなので,そのことを思い出してみたかも……。そうしたら,少し気分が楽になった感じがありました。

トレーナー　そういう工夫もしたのですね。では,「上司はそもそも厳しい人。先輩もやり直しをさせられていたと考え直した」と書いてもいいですか？

Cさん　いいです。

トレーナー　（図に書き込む）。ほかにはどうですか？　この企画書に対しては,どういう工夫をしましたか？

Cさん　やり直しをさせられていた先輩のことを思い出して,「あの先輩だったら聞いても大丈夫かな」と思いました。実際に先輩に相談したら,アドバイスをもらえたんですよね。

トレーナー　「先輩に相談に行って,アドバイスをもらった」と書いていいですか？

Cさん　はい。

トレーナー　（図に書き込む）（対処欄を指し示しながら）では,対処についてもまとめてみましょうか。Cさんは,このようなストレス体験をしながらも,トイレに行ってストレッチをしたり,「上司はそもそも厳しい人。先輩もやり直しをさせられていた」と考え直したり,実際に先輩に相談してアドバイスをもらったりして,このストレス体験から抜け出そうと工夫をしたのですね？

Cさん　はい。たしかにそうでした。

トレーナー　こうやって対処までまとめてみて,どう感じますか？

Cさん　結構このときはつらかったんですけど,自分でもいろいろと工夫していたことがわかりました。

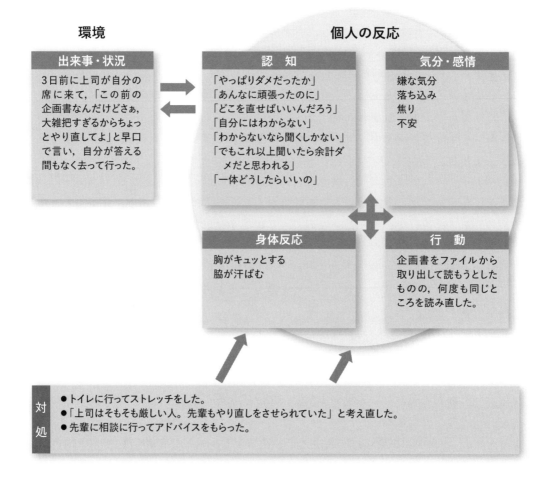

図4 ■ Cさんのストレス体験のアセスメントシート②

　以上，説明の例を示しましたが，グループセッションでは，一人ひとりに十分な時間を割けないかもしれません。そのときは，発表者を募り，その人とトレーナーとのやりとりを他の参加者に見てもらうとよいでしょう。そのうえで，各参加者には個別にワークに取りかかってもらい，必要な人にはサポートしてください。

　個人でもグループでも，最初はトレーナー主導で紙やホワイトボードにストレス体験を外在化することが多いのですが，最終的には参加者自身ができるようになることが目的であることを忘れないようにしましょう。トレーナーは最初からそのことを参加者に伝えておきます。

◉ スキルのまとめ

◆ 第3回では，まず参加者にCBTの基本モデルに沿ったアセスメントの意義や方法をわかりやすく説明します。

◆対処について説明し，アセスメントに対処を含める意義や方法をわかりやすく説明します。
◆参加者にアセスメントの意義や方法を理解してもらったうえで，アセスメントを繰り返し行なう意義をわかりやすく説明し，モニタリングとアセスメントに対する参加者のモチベーションを高めます。
◆具体例を通じてCBTの基本モデルを参加者に再確認してもらったのちに，トレーナーは，参加者自身が主体的に自分のストレス体験をアセスメントし，外在化できるように支援します。

2 理論と技法の解説

1——CBTにおけるアセスメントの位置づけについて

　CBTは,「今,ここの問題」に焦点をあてて,その解決を目指します。このようなアプローチを「問題解決志向」と呼びます。

　問題解決のプロセスは,図5のように「問題を理解する」プロセスと「問題に対処する」プロセスの2段階に分けられます。問題解決のためには,まず問題がどのようなものかを具体的に理解する必要があります。問題を理解してはじめて私たちは,問題に対処することができるのです。

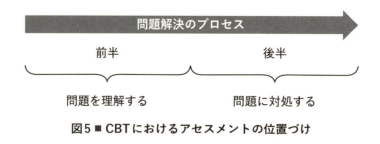

図5 ■ CBTにおけるアセスメントの位置づけ

　この問題解決のプロセスをCBTにあてはめて考えてみましょう。前半の「問題を理解する」プロセスがアセスメントに該当し,後半の「問題に対処する」プロセスが技法を使った介入に該当します。問題解決で問題を理解するプロセスが欠かせないように,CBTでもアセスメントは欠かせません。つまり,アセスメントとは,参加者が自分の問題を理解し,さまざまな技法を使って問題を乗り越えるためにまず行なうべき不可欠な作業なのです。

2——メタ認知について

　メタ認知とは,認知心理学の概念で,「認知についての認知」のことです。たとえば,買い物に行く前に,「買うべきものが多すぎて覚えられない」ので買い物リストを作ることがあります。自分が記憶すべきものの数と記憶できるものの数を照らし合

わせて,「覚えられない」と判断したのは,自分の記憶力について正しく認知できているからです。これがメタ認知です。

CBTでも認知に関する作業は,すべてメタ認知に関連します。メタ認知を使うことによって,自動思考をモニターしたり,自らの認知パターンを理解したり,認知再構成法を行なったりすることができるのです。CBTで行なう認知に関するさまざまな作業は,メタ認知のトレーニングだと言いかえることもできます。

3──コーピング（対処）について

第1回で紹介した心理学的なストレスモデルには,コーピングという概念が含まれていました（pp.34-36）。コーピングとは,ストレス状況やストレス反応に対して意図的に対処するプロセスのことです。トレーニングブックでは,わかりやすくするために日本語で「対処」と書かれています。

生きている限り,ストレスはつきものです。ストレスをなくそうとしたり,避けようとしたりするのではなく,むしろ上手につきあっていくこと,上手に対処することのほうが大切です。上手に対処するためには,まず自分のストレス状況やストレス反応をよく理解する必要があります。次に,ストレスから自分の身を守るための意図的な工夫（コーピング）と,その効果検証が必要とされます。これを繰り返すと,自分にとって効果的な手持ちのコーピングが徐々に増え,結果としてストレスに対する総合的な対処力が高まります。手持ちのコーピングのことを「コーピングレパートリー」と呼びます。

コーピングは,思考やイメージを使う「認知的コーピング」と,実際の行動やコミュニケーションを使う「行動的コーピング」の2つに分けられます。CBTで有効性が確認されているさまざまな技法は,認知的コーピングと行動的コーピングの集合体であるとも言えます。したがって,CBTに取り組むと,さまざまなコーピングを身につけることができ（コーピングレパートリーが増え）,その結果ストレスに対する総合的な対処力が高まるということになります。

さらに詳しく学びたい人は,章末にある参考文献を参照してください。

3 トラブルシューティング

1——前回のホームワークのトラブルシューティング

> ストレス体験をモニタリングできているものの，自分自身のストレス反応に対してダメ出しばかりする参加者には，どのように対応すればよいでしょう？

ストレス刺激とストレス反応をマインドフルに受け止めるよう促す

　モニタリングができていることをフィードバックしたうえで，参加者がストレス体験をマインドフルに受け止められるよう，マインドフルネスについての心理教育を再度行なってください。参加者には，自分自身のストレス反応についてダメ出しする必要はなく（ダメ出しすることもコーピングのひとつで，それ自体がマインドフルネスを妨げています），「こんなことを考えていたのか」や「こんな気分まであったんだなぁ」と，自分のストレス反応をありのままに味わうように促してください。

　CBTを実践しはじめたばかりのトレーナーは，こうした参加者に「それは認知の歪みですね」などとダメ出ししてしまうことがあります。今は，「次は〇〇してみよう」「今度は〇〇と考えてみよう」と対処を考える段階ではなく，「こんなにまで考えたらつらくもなるなぁ」「こんな身体反応が出たらパニックになってしまうよね」と，ストレス体験をそのまま受け止めることのほうが大切な段階です。トレーナー自身も参加者のストレス体験を「〇〇と考えたのですね」「こんな気分も感じられたのですね」などと共感をもって受け止めましょう。トレーナーに共感されることで，参加者も自分自身のストレス体験を受け止めやすくなります。また，ストレス体験をマインドフルに受け止めるということを実感できるでしょう。

2 ── 今回のワークのトラブルシューティング

> 「自動思考が思い出せない」「身体反応はなかった」というように，特定の反応を思い出せなかったり，同定できなかったりする参加者には，どのように対応すればよいでしょう？

①できないことを受け止める

　この段階では，ストレス反応を具体的に思い出せないことは珍しくありません。「最初はこんな感じですよ」「最初はうまく書き出せないものです」と参加者に声をかけてください。練習次第で，具体的に思い出せたり，同定できたりするようになることを伝えましょう。そのうえで，次の②のように対応してください。

②ストレス状況をありありとイメージしてもらう

　ストレス状況を最初から一つひとつイメージしてもらいます。ストレス状況がなかなか思い出せない場合には，そのときの状況を特定するような質問をトレーナーが投げかけます。たとえば，「これはいつのことですか？」「相手には具体的に何と言われたのですか？」という質問です。具体的な状況を思い出すと，そのときのストレス反応もありありと思い出せるようになります。

③ストレス状況を同定できてもストレス反応を同定できない場合は，トレーナーが推測したストレス反応を伝える

　上記②の対応を行なうと，たいていの場合はストレス反応が次々に思い出されるものですが，参加者がストレス体験になかなか直面できない場合や，「どうしても思い出せない」と言う場合には，ストレス反応が特定できないこともあります。そのときは，トレーナーが推測したストレス反応を参加者に伝えてみてください。ただし，トレーナーの意向に参加者を誘導しないように，あくまでも推測であることを強調してください。「私だったらこんなことを言われたら落ち込みそうですが，どうでしょう？」「これは私の推測ですが，もしかしたら『上司に嫌われてしまった』と思ったのでしょうか？」というように問いかけます。

④身体反応に限っては，反応がないこともありうる

　身体反応に限っては，他のストレス反応と違って，ストレスが小さいと反応がないこともありえます。ストレス体験をありありとイメージしても，身体反応はなかったと言う場合は「変化なし（反応なし）」と書き込むこともあります。ただし，モニタリング力が向上すると，小さな反応も捉えられるようになります。

⑤次のストレス体験の際には，ストレス状況とストレス反応を細かく観察するようあらかじめ伝えておく

　上記の対応を行なったうえで，次のストレス体験では，その場でストレス状況とストレス反応を細かく観察するようにあらかじめ伝えておきます。ストレス体験をリアルタイムで細かく観察できるようになると，その体験をありありと思い出せるようになります。

参考文献

小杉正太郎＝編（2002）ストレス心理学――個人差のプロセスとコーピング．川島書店．
三宮真智子＝編（2008）メタ認知．北大路書房．

第4回

自分のストレスを知ろう

3

第4回のアジェンダ

1. 第4回に必要なトレーナーのスキル
   - 自動思考の概念を伝える
   - 自動思考が他の反応を引き起こしていることをわかりやすく説明する
   - 参加者に自分の自動思考を体験してもらう
   - 自動思考をモニタリングするモチベーションを高める
   - 特徴的な認知の例を示す
   - ◆スキルのまとめ

2. 理論と技法の解説
   - CBTにおける認知について
   - 認知の階層について

3. トラブルシューティング

参考文献

1 第4回に必要なトレーナーのスキル

1── 自動思考というなじみのない概念を，具体例を通じてわかりやすく説明する

　自動思考とは，「ひとりでに浮かんでくる考えやイメージ」のことです。自動思考は，私たちの頭に朝から晩まで無数に浮かんできます。普段，私たちはそれをあまり意識することなく生活しています。しかし，自動思考は私たちに大きな影響を与えています。トレーナーは，このような自動思考の定義や特徴をわかりやすく説明しなければなりません。

　説明する際には，認知行動モデルを図示して，そこに書き込みながら説明するとわかりやすいでしょう。個人セッションでは，本書の巻末付録にあるさまざまなツール（アセスメントと対処のシート，ストレス場面における自動思考を同定するためのシート，自動思考を検討するためのシート，新たな思考を案出するためのシート，目標を達成するための具体的な手段のシート，問題解決をするためのシート）を使うこともできます。グループセッションでは，ホワイトボードにモデルを描くことで，参加者全員と共有しやすくなります。

　ここでは，グループセッションの例を挙げます。個人セッションでも基本的な流れや注意点は同じです。

例　グループセッション

トレーナー　自動思考というのは，頭に自動的に浮かんでくるセリフやイメージのことです。たとえば，あなたが友だちと待ち合わせをしていて，時間になっても相手が来ないという状況があったとします。そのような経験はありますか？（参加者の反応を見て納得しているようであれば）このとき，どのようなセリフやイメージが頭に浮かんでくると思いますか？　Dさんはどうですか？

Dさん　「遅れるなら連絡すればいいのに」かな？

トレーナー　なるほど（図に書き込む。以下同）。Eさんはいかがでしょうか？

Eさん　「どうしたんだろう？」。

トレーナー　はい（図に書き込む）。Fさんはいかがでしょうか？

Fさん　「5分10分はよくあること」。

トレーナー 「5分10分はよくあること」ですね（図に書き込む）。Gさんはいかがでしょうか？

Gさん イライラする。

トレーナー イライラするんですね。そのときに，どんなセリフやイメージが浮かんでいるでしょうか？

Gさん うーん「そのあとの予定に遅れちゃう」とか，「待たされるのはいやだなぁ」とか。

トレーナー なるほど，「そのあとの予定に遅れちゃう。待たされるのはいやだなぁ」という自動思考が出ているのですね（図に書き込む）。みなさん，自動思考がつかめていますね。とても良いと思います。

最初に挙げる状況は，日常的に誰もが経験するものにしましょう。Gさんのように，自動思考の代わりに感情を答えたとしても，間違いを指摘して訂正するのではなく，自然に聞き出すような形で自動思考に気づいてもらいましょう。

2——自動思考が他の反応を引き起こしていることを，具体例を使ってわかりやすく説明する

同じ状況でも自動思考が違えば異なった気分や行動に結びつくことを説明します。たとえば，先ほどの話に続けて次のように説明します。

例 グループセッション

トレーナー 待ち合わせに相手が現われない状況で，Dさんは「遅れるなら連絡すればいいのに」という自動思考が浮かぶということでしたね。「遅れるなら連絡すればいいのに」と考えると，どんな気分になりますか？

Dさん イライラでしょうか？

トレーナー （図に書き込む）身体反応はどうでしょうか？ イライラするとちょっと頭に血がのぼるとか，指先が熱くなるとか，汗が出るとかがあるかもしれませんが……？

Dさん そうですね。この場合はそこまでではないかもしれないですけど，少しソワソワする感じはあるかもしれませんね。

トレーナー なるほど（図に書き込む）。行動はどうでしょう？

Dさん 連絡が届いていないか，携帯電話をチェックするかもしれません。

トレーナー なるほど（図に書き込む）。Eさんは「どうしたんだろう？」という自動思考でしたが，そう考えると，どんな気分になりますか？

Eさん 「不安」でしょうか。電車が遅れているならいいのですが，迷っているんじゃないかと。

トレーナー　なるほど，不安になるのですね。「電車が遅れているならいいけれど，迷っているんじゃないか」と思って。「電車が遅れているならいいけれど，迷っているんじゃないか」というのは頭に浮かぶセリフですから，自動思考に含まれますね。もうひとつの自動思考もキャッチできましたね（図に書き込む）。「どうしたんだろう？　電車が遅れているならいいけれど，迷っているんじゃないか」と考えて不安になるのですね？

Eさん　そうです。

トレーナー　そうすると，身体反応はどうなりそうですか？

Eさん　そうですね……ちょっとドキドキする感じでしょうか。

トレーナー　なるほど（図に書き込む）。行動はどうでしょうか？

Eさん　携帯電話で連絡を取ろうとしたり，電車の遅延がないか改札のところの電光掲示板を見たりしますね。

トレーナー　（図に書き込み，図を指し示しながら）Eさんは，待ち合わせに相手が現われないという状況で，「どうしたんだろう？　電車が遅れているならいいけれど，迷っているんじゃないか」という自動思考が浮かび，気分としては不安になって，ドキドキするという身体反応が出て，携帯電話で連絡を取ろうとしたり，電車が遅延していないか改札の電光掲示板を見たりする，という行動を取るのですね？

Eさん　そうです。

トレーナー　はい。Fさんは，「5分10分はよくあること」という自動思考ですね。気分はどうでしょうか？

Fさん　うーん，とくには……。あきらめみたいな。

トレーナー　あきらめですね（図に書き込む）。

Fさん　よくあることだから仕方ない，みたいな。

トレーナー　なるほど，「5分10分はよくあることだから仕方ない」という自動思考があって（図に書き足す），あきらめという気分が出ているのですね？

Fさん　はい。

トレーナー　身体反応は？

Fさん　とくになさそうです。

トレーナー　そうですか。ため息が出るとか？　力が抜けるような感じとか？

Fさん　「あーあ」って感じで，ため息が出るかもしれないですね。

トレーナー　（図に書き込む）行動はどうなるでしょうか？

Fさん　何もしないですね。

トレーナー　何もしないというのも行動ですね（図に書き込む）。そのまま立って待っているということでしょうか？

Fさん　まぁ，本をもっていたら読むか，メールをチェックして返事を送ったりして待ちます。

トレーナー　本を読んだり，メールをチェックしたりするのですね（図に書き込む）。

　　　　Fさんは,「5分10分はよくあることだから仕方ない」という自動思考があって,気分はあきらめで,身体反応はため息。行動は,そのまま立って待っている,本を読む,メールをチェックして返事を送る,というものですね。Gさんは「そのあとの予定に遅れちゃう。待たされるのはいやだなぁ」という自動思考でしたね。イライラは気分ですね。Gさんは先に気分を報告してくださいました。

Gさん　そうですね。

トレーナー　では,身体反応はどうでしょうか?

Gさん　ソワソワしてうろうろするっていうのは?

トレーナー　行動ですかね。このあたりは難しいですよね。ソワソワするっていうのは身体反応に入れてもいいかもしれません。うろうろは実際に歩き回ることでしたら行動でしょうか?

Gさん　そうですね。じゃあ,ソワソワするっていう身体反応があって,うろうろしちゃうんですね。

トレーナー　そうですね(図に書き込む)。こんなふうに自動思考によって気分・感情や身体反応が導き出されていることがご理解いただけたでしょうか? ご質問があればぜひお願いします。

解説　自動思考からその他の反応が引き出されていることを,尋ねる順番を工夫して意識してもらいます。なかなか回答が出てこない場合は,トレーナーからいくつか選択肢を示しましょう。その際には,トレーナー自身の経験や多くの人にあてはまる例を挙げてください。

　身体反応については,極端な例で説明するほうが参加者に実感してもらいやすいでしょう。たとえば,重大な書類をなくしてしまったことに気がついた,目の前で人が突然倒れた,などです。そういう状況を思い浮かべてもらえば,自動思考,感情,行動とともに身体反応も生じていることがよくわかってもらえるでしょう。

3──参加者が自分の体験にあてはめて,自動思考という現象が自分にも起きていることを発見してもらう

　自動思考の概念や役割を理解したうえで,自分の体験にあてはめて実感してもらう必要があります。「今朝起きたとき,どんな自動思考が浮かびましたか?」とか,「今,私に質問されてどんな自動思考が浮かびましたか?」といった,誰もが経験していて,過度にストレスフルでない状況を使って実感できるように話を進めましょう。

例　グループセッション

トレーナー　今日はCBT（セッション）の開始少し前に雨が降ってきましたね。みなさんはそれに気がついたとき，どんな自動思考が浮かびましたか？　そして，どんな気分，身体反応，行動がありましたか？

Dさん　「今から向かおうと思っていたのについていないな」という自動思考です。「いつもこうなんだよ」とも思ったかな？　それで落ち込みが出て，のろのろと歩いてきたって感じですね。

トレーナー　なるほど。Eさんはどうでしょう？

Eさん　自動思考は，「早めについたから濡れなかった。ラッキー！」です。気分は「嬉しい」，行動としては「小さくガッツポーズ」ですね。

Fさん　「天気予報では雨だって言ってなかったのに……くそー」と思ってイライラしちゃいました。

トレーナー　せっかく天気予報を見ていたのに，外れると腹が立ちますよね。身体反応と行動はどうでしょう？

Fさん　そうですね……どうだろう？

トレーナー　（Fさんの様子を見て）体に力が入ったりしていませんか？

Fさん　そうですね。手に力が入りますね，イライラすると。

トレーナー　行動としてはどうですか？

Fさん　そこらを少し歩きました。

トレーナー　わかりました。Gさんはいかがですか？

Gさん　「折り畳み傘を持っているからいいけど，雨の日は髪型が決まらないから，みんなに会うのが嫌だな」と思いました。気分は憂うつ，身体反応は力が抜ける感じで，行動はトイレに行って鏡を見ました。

トレーナー　みなさん，とてもうまくモニタリングができていますね。意識をすると，そんなふうにいろいろな場面で，つねに自動思考が出ていることに気づくと思います。

解説　ここでは，p.73のような仮想の状況を検討するのではなく，実際に自分にも自動思考が生じているのだと実感してもらうことが狙いです。p.73の例よりもさらに一般的に経験することを例に挙げることが重要です。身体反応については，参加者の実際の様子からも推測することができます。よく観察して，「肩に力が入っていませんか？」というように気づきを促す質問をしましょう。

4 ── 自動思考をつねにモニタリングする意義をわかりやすく説明して，参加者のモニタリングに対するモチベーションを高める

　自動思考をモニタリングすると，自動思考に振り回されなくなり，自分の問題と距離を置いてつきあえるようになります。それによって，自己理解が深まることもあります。そのあとの対処を効果的に行なうためにも，自動思考をモニタリングできることが重要です。

　モニタリングの意義をわかりやすく説明するには，トレーナーの自己開示が役立ちます。実感のともなったトレーナーの体験を聞くと，参加者は意義を実感でき，モチベーションも高まります。本書の読者であるトレーナーの方は，自分の自動思考をモニタリングすることができ，その意義を実感されていることと思います。ぜひ，その実感を参加者に伝えてください。

　たとえば，次のように伝えることができます。

例　説明の例

トレーナー　私にとってよくある自動思考は「嫌われちゃった」なんです。たとえば，職場で挨拶をしたときに相手から挨拶が返ってこないと「何か嫌われるようなことしちゃったかな？」とか，メールが返ってこないと「私のこと嫌いなのかな？」と思います。そういう自動思考がよく出てくることに気づいてからは，自動思考に巻き込まれなくなりました。先日も，何となくイライラした様子の同僚を見て「私のこと嫌いなのかな？」と思ったのですが，「これは自動思考だ」と思って普通に「おはよう」と挨拶したら，「朝からこんなに資料の直しを頼まれちゃった。嫌になっちゃう」という答えが返ってきました。私が「大変だね」と言うと，「ありがとう。今日ランチ一緒に行かない？」と言われました。「私のこと嫌いなのかな？」という自動思考に巻き込まれていたら，同僚との楽しいランチはなかったと思います。

解説　ここで重要なのは，モニタリングの効果を理解するとともに，実感してもらうことです。ですから，必ずトレーナーが自分自身の体験に基づいて話をしてください。マインドフルな自動思考のモニタリングが重要だということも伝えてください。ただし，「自動思考のパターン」について説明する前の段階なので，「自責的なパターン」のような評価が含まれた言葉は使わないようにします。

5 ── 自分に対する気づきを高める一助となるように,自動思考のパターンの一覧を提示する

　自動思考のパターンの一覧を提示する狙いは,2つあります。一覧を参加者の自己理解に役立てることと,多くの人がそのようなパターンをもっていることを伝えてノーマライズすることです。ノーマライズとは,簡単に言えば,自分の体験を特殊なものだと思い込まないようにすることです。一方で,このような一覧を見ることが負担になる参加者もいることを忘れないでください。参加者が自分に対して批判的になったり,否定的になったりすることなく,自動思考のパターンの一覧を用いることができるような配慮が必要です。「自分のパターンはこうだったんだ！」と驚きと興味をもって取り組めるように心がけましょう（自動思考のパターンの一覧については,トレーニングブックpp.70-72を参照）。

例 説明の例

トレーナー　これまでいくつかの場面の自動思考をつかまえてきました。いくつかの自動思考には共通点があります。これを自動思考のパターンと呼んでいます。人はみな,自動思考のパターンをもっています。それ自体は良いとか悪いとか言えませんが,困りごとの原因になることもあります。この自動思考のパターンには自分で名前をつけることもできます。また,多くの人に見られる自動思考のパターンの一覧を参考にして,自分の自動思考を検討することもできます。これから,その一覧を見て,自分にあてはまるものがあるかどうか検討してみませんか？

● スキルのまとめ

- ◆ 参加者にストレス反応の要である自動思考を詳しくとらえてもらいます。
- ◆「自動思考」と「気分・感情」「身体反応」「行動」がどのように結びついているかを理解してもらいます。
- ◆ 価値判断することなくマインドフルに自分の判断をながめ,自分のストレス体験のパターンを発見できるように支援します。

2 理論と技法の解説

1──CBTにおける認知について

1. 認知心理学における認知──行動主義心理学から認知心理学へ

　行動主義心理学では，観察可能で測定できる現象をあつかい，心理学を自然科学の一分野にすることを目指しました。そのため，目に見えない「心」を研究対象から外し，観察可能な刺激と反応の関係だけを検討しました（図1）。しかし，このような単純化された方法では複雑な行動や個人差を説明できないという批判が向けられました。

　一方，1970年代以降，コンピュータをモデルとした情報処理心理学がさかんになりました。「心」を複雑な情報処理プロセスとして捉え，モデル検証を行なうことができるようになりました。「心」のなかに複数のプロセスを仮定し，そのプロセスを認知と呼び，それについて調べるのが認知心理学です（図1）。

　したがって，CBTでは，思考やイメージの内容だけでなく，それが生成され相互に影響を及ぼしあうプロセスにも焦点をあてて，不適応状態の改善を図ります。

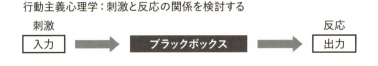

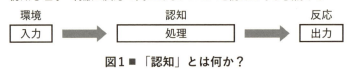

図1 ■ 「認知」とは何か？

2. 自動処理と自動思考，制御処理とコーピングの関係

　認知心理学では，人間の情報処理には自動処理と制御処理という2つの処理プロセスがあると考えます。自動処理とは，注意を必要としないため効率という点ではすぐれている処理プロセスです。一方で，情報処理が自動化されてしまっているため，処理を変化させにくいとも言えます。制御処理とは，大量の処理容量を必要とするため

処理に時間がかかる処理プロセスです。そのため，効率は悪いのですが，環境の変化にともなって柔軟に処理を変化させることができるプロセスだと言えます。

ただし，自動処理と制御処理は互いに独立したものではありません。たとえば，歌を覚えるときのことを考えてみましょう。好きな歌手の新曲を覚えるときは，歌詞カードを見ながら音程を外さないように気をつけて歌うという制御処理が必要です。しかし，歌詞とメロディを覚えて，いつでもどこでも鼻歌で歌えるというのは自動処理になったからだと言えます。ところが，一度覚えた歌でも，長らく聞いたり歌ったりしないと，歌詞やメロディを思い出すのに注意資源が必要となる制御処理に戻ってしまいます。

このことを認知行動モデルに照らし合わせて考えてみましょう。参加者がCBTを行なう前は，自動思考が自動処理で生じています。しかし，自動思考をモニタリングすることによって，それを制御処理に変化させることができます。一方，新しい思考を身につけようとする場合，最初はそれを意図的に考えなければいけませんから制御処理ですが，そのプロセスに慣れてしまえば自動処理になります。つまり，不適応的な自動思考に代わって適応的な自動思考が自動処理されるようになる，ということです。CBTに限らず，私たちは，制御処理を使って認知的コーピングを行なっています。

3. ベックの自動思考の発見

『アーロン・T・ベック――認知療法の成立と展開』（ワイスハー，2009）によれば，自動思考は次のようにして発見されました。ベックは認知心理学に基づいて認知療法を始めたわけではありませんが，このような説明を使えば，自動思考が先に述べた自動処理にあたることを理解してもらえるでしょう。

> 1959年，ベックは若い男性うつ病患者を〔精神分析を用いて〕治療していた。すると自由連想を行っている途中に，患者が怒ってベックを非難しだした。そこでどんな気分なのかと患者に尋ねたところ，「申し訳ない気持ちです」という答えが返ってきた。ベックを怒鳴りつけながら，同時に「こんなことを言うべきではなかった。医者を責めるのは間違っている。嫌われてしまうだろう」というような自責の念を感じていたのである。患者が声に出した思いと同時に，こうした別の思いを巡らしていた事実に，ベックは強い印象を受けた。患者の怒りが罪の意識を直接呼び起こしたのではなく，二次的な思考の連鎖が，態度に表れた感情と罪悪感との媒介として働いていたのである。
>
> 他の患者でもこのような内的独白があるかどうかを調べてみると，やはりそれぞれが，治療セッションの中に口に出さない考えを抱いていることがわかった。しかし多くの場合，患者たちはベックに尋ねられるまで，これらの思考をそれほど意識していなかった。このもう一つの思考の流れは，随意的思考に比べれば意識されないが，それでも，それ自体が命を持っているかのように現れてくるのだ。
>
> （前掲書，p.46）

この「もう一つの思考の流れ」が自動思考にあたります。また、「随意的思考」は制御処理的思考にあたります。
　ここで引用した文章からも、自動思考は自動的に生じるので通常は意識されず、質問されないと気づけないということがよくわかると思います。

2── 認知の階層について

1. 自動思考，媒介信念，中核信念

　CBTのモデルでは、認知は階層的なものだと考えられています。階層的な認知を含む認知行動モデルについては、図2を参照してください。このモデルでは「自動思考」より深いところに「媒介信念」や「中核信念」と呼ばれる認知を想定しています。両者はともに「信念」と呼ばれます。
　中核信念は、幼少期のかなり早い段階から徐々に形成される「自己・他者・世界の見方」であり、価値観と言ってもよいでしょう。中核信念は、包括的で一般化されていて、その人にとっては疑いようのない真実とみなされています。中核信念には、ネガティブなものもあればポジティブなものもあると考えられています。媒介信念は、中核信念と自動思考をつなぐ、その人なりの「思い込み・ルール・構え」を指します。

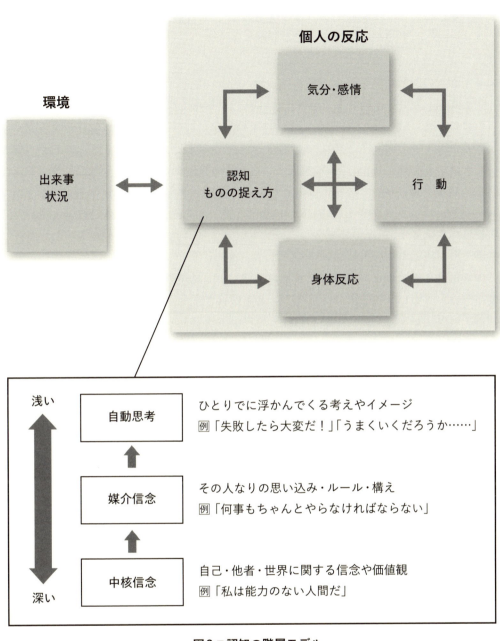

図2 ■ 認知の階層モデル

2. 状況と信念（中核信念・媒介信念）が関連して自動思考が生じる

人によって自動思考が異なるのはなぜでしょうか。その理由のひとつは，信念（中核信念と媒介信念）が人によって異なるからです。同じ状況を体験しても，信念によって状況の解釈が異なるのです。

たとえば，新しいプロジェクトチームに自分が抜擢されなかったという状況を考えてみましょう。「私は愛されない」という中核信念があると，「上司は私のことが嫌いだから，チームに入れたくなかったんだ」という自動思考が出てきて，悲しく（感情）なるかもしれません。「私は無能だ」という中核信念があると，「新しいプロジェクトに見合う能力が，やはり自分にはないのだ」という自動思考が出てきて，落ち込む（感情）かもしれません。「自分には十分な能力があり，人から愛される」という中核信念があると，「今の仕事のほうが重要だと上司は思っているのだろう」という自動思考が出てくるかもしれません。

中核信念が異なれば，ストレスを感じやすい状況も異なります。たとえば，「私は愛されない」という中核信念があると，友人からメールの返信がすぐに来ないという状況では感情が大きく揺れるかもしれませんが，仕事上のちょっとしたミスには冷静に対応できるかもしれません。一方，「私は無能だ」という中核信念があると，友人からメールの返信がすぐに来ないという状況では冷静でいられても，仕事上のちょっとしたミスで感情が大きく揺れるかもしれません。

このように，自動思考は，状況と中核信念が影響して生じてくるものなのです。

3. 自動思考をモニタリングすることの意味

信念（中核信念，媒介信念）は，基底的な層にあるため，ほとんどの人は信念を意識していないと言われています。CBTでは，はじめに最も把握しやすい認知である自動思考を見つけて，検討し，修正する方法を身につけることが重要です。次に，多くの場面に共通して生じる，自動思考の背景にある中核信念を類推していきます。中核信念とは，自動思考から類推する仮説だと言ってもよいでしょう。中核信念へ介入するためには，参加者が自動思考をキャッチでき，自動思考に関連する悪循環に対処できるようになっている必要があります。

日常的な困りごとは，自動思考レベルの問題であることが多いものです。自動思考をモニタリングしたうえで，自動思考が関連する悪循環へ介入することが，参加者の生活の質を向上させるのに役立ちます。

3 トラブルシューティング

1——前回のホームワークのトラブルシューティング

　セッションのなかで，参加者が作成したホームワークを修正しなければならないこともあります。たとえば，参加者が感情として挙げたもの（例「どうにもならない」「嫌われた」）が実は認知なのだと指摘する場合です。その際，参加者が「こんなこともわからないなら，もうこれ以上できない」「（他の人と比べて）自分はダメだ」という反応を示したら，どのように対応するのがよいでしょう。

①修正の仕方に気をつける

　最初からできないのは当然ですから，ていねいに優しい言葉をかけ，この段階では細かく修正しすぎないようにします。

②ノーマライゼーションを行なう

　新しいことに挑戦しているのですから難しいと感じて当然です。一所懸命に取り組んでいるからこそ困難を感じるのかもしれません。こうした誤解は誰にでも起こりえます。トレーナーや他の参加者の体験や感想を共有したり，習い事を始めるときの例を挙げて説明したりしましょう。
　たとえば，次のように伝えます。「補助輪なしの自転車に乗るために練習したときのことを思い出してください。最初は後ろをおさえてもらってもグラグラして，一所懸命にバランスを取ろうとしても何度も転んだのではないでしょうか？　それでもあきらめずに練習を続けると，それほど苦労しなくても乗れるようになりますよね。何でもはじめは大変なものです。いろいろなところに注意をしたり，助けを借りたりすることが必要です。それは誰でも同じです。（グループセッションであれば）このことを皆さんに説明できたことも含め，○○さんにはとても良い例を発表していただきました」。

③現在の体験をアセスメントする

　今まさに起きているストレス体験を，モデルを使ってアセスメントしてみましょう。その場で，自動思考や気分を同定し，外在化することによって，まさに「今ここで」生じていることをセルフモニタリングする練習になります。

2──今回のワークのトラブルシューティング

> 発表している参加者自身が問題解決策を求めたり，他の参加者がアドバイスしはじめたりする場合には，どのように対処したらよいでしょう？
> 例 参加者がトレーナーに「こんなときはどうしたらよかったのでしょうか？」と尋ねる。するとグループ内の年長者が，自分の経験をもとに「そんなときは○○したらいいんだよ」と指導しはじめる。

①その発言を受け止める

発言した参加者が自分の発言を否定されたと思わないように気をつけつつ，解決策を求める気持ちや，アドバイスしたくなる気持ちを自然なことだと受け止めます。たとえば「解決策がほしくなりますよね」「○○という解決策を思いつかれたのですね」「困っている人を見たらアドバイスしてあげたくなりますよね」というように返します。

②その発言を受け止めたうえで，マインドフルにアセスメントする段階であることを伝える

プログラム前半の現段階では，マインドフルにアセスメントすることが目標になります。そのことをていねいに（繰り返し）説明しましょう。マインドフルネスについて，もう一度確認してもかまいません（マインドフルネスについてはp.48参照）。

さらに，問題解決のためには，まず問題をしっかり理解することが必要だと説明します。たとえば，次のように説明することもできます。「蛍光灯が切れているのだと思って，わざわざ買いに行って付け替えたけれどつかなかった。よく見たらコンセントが抜けていた，なんてこともありえます。これは単純，無害な例ですが，私たちが抱えているストレス状況はこのように単純ではないことが多いですね。ですから，問題をしっかり分析して，効果的な方法を選択したほうが，やみくもにいろいろな解決法を試すより最終的には解決が早いかもしれません」。

参考文献

ジュティス・S・ベック［伊藤絵美ほか＝訳］（2004）認知療法実践ガイド基礎から応用まで──ジュディス・ベックの認知療法テキスト．星和書店．
マジョリエ・E・ワイスハー［大野 裕＝監訳］（2009）アーロン・T・ベック──認知療法の成立と展開．創元社．
坂本真士ほか＝編（2010）臨床に活かす基礎心理学．東京大学出版会．
高橋雅延（2010）認知心理学を活かす．In：坂本真士ほか＝編（2010）臨床に活かす基礎心理学．東京大学出版会．

第5回

自分のストレスを知ろう

4

第5回のアジェンダ

1. **第5回に必要なトレーナーのスキル**
   - ✚ 参加者の気づきを促すために心理教育やソクラテス式質問を行なう
   - ✚ 参加者とともにアセスメントをまとめる
   - ✚ アセスメントのまとめを通して，参加者の自己効力感やモチベーションを高める
   - ✚ まとめた後もセルフモニタリングの作業を続けるよう教示する
   - ◆ スキルのまとめ

2. **理論と技法の解説**
   - ✚ ケースフォーミュレーションについて
   - ✚ 病理モデルを知っておくことの意味

3. **トラブルシューティング**

参考文献

1 第5回に必要なトレーナーのスキル

1──外在化した体験に参加者がマインドフルな構えで向き合い，さまざまな気づきを得られるように心理教育やソクラテス式質問を行なう

　ここでは，これまでのアセスメントを振り返ります。否定せず，評価もせず，そのままながめてもらうためのやりとりが必要です。マインドフルな構えで振り返ることができれば，自分に関する発見があり，自分をねぎらう気持ちも出てきます。

　マインドフルネスについてはp.48，ソクラテス式質問については，『認知行動療法事典』（フリーマン，2010）のなかの「ソクラテス的対話」に詳しく書かれていますので是非参照してください。ソクラテス的対話とは，クライアントの考えを統合し，その意図，動機，深く根差した葛藤を閉じ込めている表現や考えをクライアントにフィードバックすることによって，洞察，統合，変化へと導く態度です。そのためには，質問形式を用いることで，問題を起こしている領域，テーマ，状況についてクライアントの認識を深めてもらいます。ソクラテス式質問はクライアントとの協同作業のなかで用いられ，短く，焦点が絞られており，的を射たものでなければなりません。

互いに1つの考えについて検討する
クライアントに考える時間を与える
理解を深めるために質問を提起する
クライアントの意味することを理解しようと努める
互いの立場を認め合う
互いの立場を明確にする
役立つと思われるデータを積極的に分かち合う
互いの立場の違いと傾向の違いを検討する
コンセンサスと理解のために努める
究明することに重点を置く
共通のビジョン

表1 ■ ソクラテス的対話（フリーマン，2010より）

> **例** 個人セッション

トレーナー　これまでのワークを振り返ってどう思いますか？
Hさん　いやー，いつも同じパターンを繰り返していますね。
トレーナー　そうですね。どんなパターンですか？
Hさん　上司のやることなすことにビクビクして，「もうおしまいだー」ってなってますね（笑）。
トレーナー　なるほど。
Hさん　不安が強くなってめまいが出て，それで，自分がビクビクしているのが相手にバレてるんじゃないかと思って余計にビクビクして，ますます不安になるっていう……本当につらい状態です。本当にこうなってしまったら大変ですね。よく会社に行っているなという感じですね。

　参加者に良い悪いという価値判断が出てきたら，次の例のように，人はどうしても判断してしまうことを受け止めつつ，再度マインドフルネスについて心理教育を行ないましょう。

> **例** 個人セッション

トレーナー　自動思考のパターンについてはどうでしょうか？
Iさん　「破局的思考」ばかりで良くないですね。こんなことだからダメなんですよ，私は。
トレーナー　なるほど，そう思われるのですね。ご紹介した自動思考のパターンを覚えて，自分のパターンに気づいていらっしゃる点は素晴らしいと思います。ひとつ確認ですが，このワークでは，マインドフルにながめることを目的にしています。マインドフルネスとは，否定せず，評価せず，ありのままをながめることでしたね？　良いか悪いかは棚上げして，実際のところを一緒にじっくりみていきたいのですが，よろしいでしょうか？

2──参加者とともにアセスメント結果をまとめながら，自らの体験をまとめる参加者のスキルを見極める

　ここでは，これまでに書いてきたシートを振り返り，共通点を見つける能力が参加者に必要となります。作業を通じて，体験をまとめるスキルが参加者にどの程度あるかを見極めます。これは，ワークの進み具合や，トレーナーからの質問への返答によって判断できます。

スキルが高い参加者の例（個人セッション）

トレーナー　どんな共通点がありますか？
Jさん　　　上司や先輩など目上の人と一緒の場面ですね。そして，ポジティブではないような表情だったり言葉だったり，目上の人の言動に対して，もうだめだと破局的に考えて落ち込んでしまう――こういうパターンですね。
トレーナー　なるほど，よくわかります。

解説　このように，あまりトレーナーが介入しなくても，自分の力でまとめることができる参加者もいます。この場合の対応の仕方は，次の3-Aを参照してください。

 スキルが不足している参加者の例（個人セッション）

トレーナー　どんな共通点がありますか？
Kさん　　　さぁ……どうでしょうか？
トレーナー　状況で似ているところはありますか？
Kさん　　　どうですかねー。うーん……
トレーナー　職場での場面が多いとか？　特定の人と一緒にいるときだとか？
Kさん　　　ええ，まあ。
トレーナー　いつも出てくる自動思考はありますか？
Kさん　　　そう言われても……

解説　トレーナーは，違う視点，違う角度から何度も質問をしています。しかし，このように質問しても，なかなか答えが出せないようであれば，参加者のまとめるスキルが不足していると判断して対応してください。対応の仕方は次の3-Bを参照してください。

3-A ── 自らの体験をまとめることができる参加者に対しては，まとめる力を引き出し，自身の言葉でまとめることを助ける

　まとめるスキルのある参加者に対しては，トレーナーはあまり口出しせず，参加者自身が自分の言葉でまとめることができるように援助します。ソクラテス式質問を用いたり，促したり，励ましたりします。
　個人セッションでは，参加者と相談のうえ，ホームワークを多めに設定する方法もあります。まとめる力が十分あることに感心していると伝えて，参加者のモチベーションを高めましょう。

3-B──自らの体験をまとめるスキルが不足している参加者に対しては，参加者の体験からトレーナーがパターンを見出して，参加者が納得できるまとめを提示する

　まとめるスキルが不足している参加者に対しては，トレーナーが積極的にかかわり，まとめる作業を手伝います。参加者のスキルの程度に合わせて，トレーナーがいくつかの選択肢を提示して，参加者に選んでもらいます。ただし，それはあくまで仮説であり，選択肢のひとつであることを強調しながら進めてください。参加者が腑に落ちているかどうかを探りながら進めます。

例　個人セッション

トレーナー　一緒に共通点を探していきましょう。私がこうじゃないかなと思ったものを挙げますから，しっくりくるかどうか教えてもらえますか？
Lさん　わかりました。
トレーナー　ストレスを感じる状況・出来事として書いてくださった場面は，すべて職場での出来事ですね？
Lさん　そうですね。
トレーナー　さらに言えば，上司や先輩など目上の人と一緒の場面のようですが，それはどうでしょうか？　同僚や部下と一緒の場面というのはなさそうですが？
Lさん　そうですね。やはり上司や先輩と一緒のときにストレスを感じます。
トレーナー　目上の人と一緒にいるだけでなく，その人が首をかしげるとか，指導されたあととか，ちょっとしたしぐさを目にしたり，意見を聞いたりしたときのようですが？
Lさん　そうです，そうです。
トレーナー　それを，ストレスを感じる状況・出来事に書きましょうか？
Lさん　はい（図に書き込む）。
トレーナー　認知の共通点はどうでしょうか？
Lさん　いろいろ考えてから「おしまいだ」となっています。
トレーナー　そうですね。いろいろというのはどんな考えでしょうね？
Lさん　うーん……
トレーナー　嫌われるとか，悪く思われるとか？
Lさん　そうですね，悪く思われるってことでしょうか。ちょっとでもそういうことがあると不安なんですよ。
トレーナー　なるほど。では，「ちょっとでも悪く思われたらおしまいだ」というのはどうですか？
Lさん　まさにそんな感じです（図に書き込む）。
トレーナー　気分・感情の共通点はどうですか？

Lさん　不安，焦り，恐怖ですね（図に書き込む）。
トレーナー　いいですね。それもかなり強いでしょうか？　80以上くらいですか？
Lさん　そうです。
トレーナー　強いと加えますか？
Lさん　加えます（図に書き込む）。
トレーナー　身体反応はどうですか？（以下略）

解説 このように，できるだけ参加者が主体的にかかわれるように気をつけます。自分で書き込んでもらうことも大切ですが，参加者の能力に合わせて，トレーナーが図に書き込んでもかまいません。

4──今までの作業をねぎらうことによって，参加者の自己効力感やモチベーションを高めたり維持したりするよう働きかける

　マインドフルにセルフモニタリングすることはとても大変なことです。セルフモニタリングを繰り返して，アセスメントをまとめられた参加者を大いにねぎらい，ほめましょう。

例　個人セッション

トレーナー　最初にもお話しした通り，前半のアセスメントの部分が本当に大変なのです。みなさんはここまでよく頑張ってきました。モニタリングやマインドフルネスといった大切なスキルを身につけられましたね。その効果も実感していただけたことだと思います（実感している効果について，参加者に意見を挙げてもらってもよい）。

5──まとめたあとも，セルフモニタリングをしたり，自分のパターンを理解したりするための作業を続けるよう促す

　まとめを行なうことはひとつの区切りですが，ゴールではありません。まとめたものが自分の体験にぴったりくるかどうかを確かめるためにも，モニタリングの継続は必要です。さらに，介入のフェイズに入って変化を促すには，頭で理解することに加えて，マインドフルな構えで，実感のともなった実践を続けることが必要です。

例　個人セッション

トレーナー　まとめができましたね。自分の納得いくものができたと思います。マインドフルなセルフモニタリングを続けて，パターンに巻き込まれずに自分をな

がめることができると，さらに気づきが深まります。しかし，マインドフルにセルフモニタリングを行なうスキルを身につけたあとでも，意識しないでいると，誰でもマインドレスになってしまいます。私自身もそうです。身につけたスキルは使いつづけることが重要です。さらに，マインドフルにモニタリングをしながら介入のフェイズでスキルを使ってみると，より大きな効果が期待できます。今後もマインドフルなモニタリングを継続してください。

◉ スキルのまとめ

- ◆ アセスメントをていねいに見直して，参加者が自分の反応の傾向を理解し，自己理解を深め，ストレス体験のパターンを知ることが目標です。それはまた，第6回以降のターゲットを明確にすることにもなります。トレーナーは，参加者がこの目標を達成できるように支援することを心がけましょう。

2 理論と技法の解説

1── ケースフォーミュレーションについて

　CBTは全体を通じて問題解決のプロセスだと言えます。参加者が自分の抱えている問題を理解し，適応的な方向にもっていくための計画を立てる部分が，ケースフォーミュレーションです（図1）。

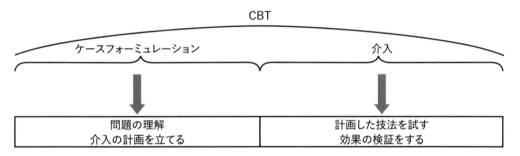

図1 ■ CBTにおけるケースフォーミュレーションと介入

　CBTでは，p.38の図6に示した基本モデル，あるいは階層的な基本モデルにもとづいたケースフォーミュレーションを行ないます。ケースフォーミュレーションでは参加者の訴えや困りごとをまとめますが，それは同時に，トレーナーが参加者と一緒に問題を深く理解するための手続きでもあります。参加者とトレーナーは，ケースフォーミュレーションを通して，次のことを理解していきます。

　①参加者の現在の困りごとはどのようにして形成されたか
　②どのような問題が合併しているか
　③どのような環境的要因や個人的要因が問題発生の引き金となっているか
　④なぜそれらの症状は維持されているのか

　そして，ケースフォーミュレーションによって，オーダーメイドの介入を考えていくために必要な情報を集めます。

アーロン・ベックは「個々の問題に特化された介入を用いるのではなく，概念化（＝ケースフォーミュレーション）に基づいて，理論を適応する一連の方法を用いる」と述べています。ネズ（ネズ＋ネズ＋ロンバルド，2008）は「効果的なCBTは，個別の参加者に対するケースフォーミュレーションがまず行なわれ，そのフォーミュレーションに基づいて，治療がデザインされるものです。それは，医学的な治療は『疾病』を対象とするが，認知行動療法が対象とするのは『人間』だからです。仮に複数の参加者が同じような心理学的問題を訴えたとしても，その問題の体験過程は人それぞれであり，問題の発生や持続にかかわる諸要因もさまざまです」と述べています。CBTの介入法は，ケースフォーミュレーションにもとづいてオーダーメイドされるものなのです。

2──病理モデルを知っておくことの意味

　一方で，アーロン・ベックの抑うつの認知理論や，クラークのパニック障害のモデルのように，問題のパターンが明らかにされ，病理モデルが確立され，それにもとづく介入の効果を証明している研究もあります。十分なケースフォーミュレーションによって，その人の問題が病理モデルにあてはまることが明らかになった場合には，すでに多くの臨床現場で用いられている治療パッケージを利用することもあります。

　ケースフォーミュレーションを通じて参加者に合わせたオーダーメイドの介入法を設計することは，トレーナーに必須のスキルですが，トレーナーがさまざまな病理モデルとそれにもとづいた治療パッケージを知っていれば，さらに柔軟に対応できます。

　次に，いくつかのモデルを紹介します。

①アーロン・ベックの抑うつの認知理論

　ベックの抑うつの認知理論は，それまでの抑うつ観を一変させただけでなく，不安や強迫の理論にも応用されて，精神医学全体に大きな影響を与えました。ここでは，図2に沿ってベックの理論の枠組みを紹介します。

　彼の理論はアルバート・エリスのABC図式をもとにしています。図2からわかるように，抑うつ感情（C：Consequence）を生み出すものは，外界の出来事（A：Activating events）そのものではなく，その出来事の認知（B：Belief）であるというモデルです。

　また，この理論は「素因ストレスモデル」とも呼ばれています。抑うつの素因（抑うつスキーマ：図2のd）をもつ人が，ストレス（ネガティブなライフイベント：図2のe）を経験して発症するという考え方です（素因ストレスモデルの詳細についてはドライデン＋レントゥル（1996）を参照してください）。

　認知は3つのレベルに分けられます。すなわち，自動思考（図2のb），推論（図2のc），抑うつスキーマ（図2のd）です。抑うつスキーマは「認知構造」であり，意識の深層にあって，永続的・安定的で，症状とともに変化せず，抑うつになりやすいパーソナリティの一部と考えられています。一方，自動思考は「認知結果」（抑うつ

スキーマが活性化した結果）であり，意識の表層にあって，一時的・不安定で，症状とともに変化するものであると考えられています。

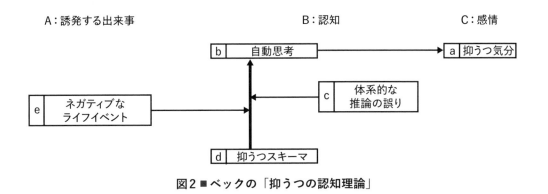

図2 ■ ベックの「抑うつの認知理論」

②ジョン・ティーズデイルの抑うつ的処理活性化仮説

　ティーズデイルの抑うつ的処理活性化仮説は，図3のようなモデルで表わされます。挫折体験や喪失体験など，誰にでも人生において深刻なストレス体験があり，それを嫌な体験だと認知することもありえます。この場合，誰でも軽い抑うつ気分になりますが，多くの人は短期間で自然に回復します。しかし，自然回復が妨げられると，重い抑うつ状態に陥ることもあります。この自然回復を妨げるのが，図3のdにあたる「抑うつ気分と認知の相互増強サイクル」です。この仮説では，いったん抑うつ状態になると，普段とまったく違う思考パターン（サイクル）が活性化されると考えられています。さまざまな実験結果から，人は抑うつ気分になるとネガティブな内容の記憶だけを思い出しやすくなり，体験をネガティブに解釈するようになることがわかっています。その結果，さらに抑うつ気分が強くなります。

　そもそも，抑うつの症状（抑うつ気分や意欲の喪失など）は，それ自体が嫌な体験です。そのため，軽い抑うつ症状を体験すること自体が，強い抑うつに陥るきっかけになりえます。また，抑うつ症状を異常だとは考えず，「自分が弱いからこうなるのだ」というように誤った原因帰属を行ない，自分を責めるかもしれません。このような二次的な症状をティーズデイルは「二次的抑うつ」，あるいは「抑うつについての抑うつ」と呼びます。

　図3を使って説明しましょう。軽い抑うつ気分はネガティブな記憶を活性化するため，過去に苦しんだ記憶が思い出されやすくなります。また，抑うつ気分は体験の解釈にもバイアスをかけるため，普段ならあまり苦痛とは感じない弱いストレス体験も，抑うつ気分のときには強い苦痛だと感じられるようになります。さらに，このような認知処理のバイアスがあると，もともとの体験がさらにネガティブなものとして認知されます。このサイクルができてしまうと，抑うつ気分のきっかけとは無関係に，

二次的抑うつがサイクルの一角を占めるようになります。こうして，悪循環ができあがり，互いを増強しながら循環するため，容易なことでは抜け出せなくなります。

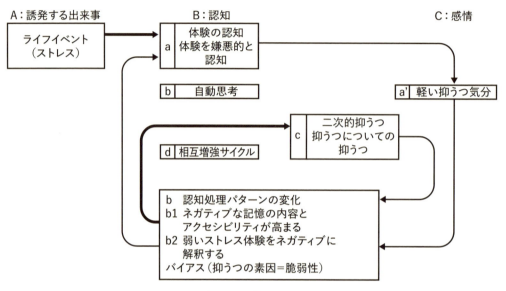

図3 ■ ティーズデイルの「抑うつ的処理活性化説」

③デイビッド・クラークのパニック発作の認知的循環モデル

　パニック発作の心理的要因と生理的要因の関係について，クラーク（ドライデン＋レントゥル，1996）は図4のようにまとめています。

　パニック発作の「引き金となる刺激」は，外的な刺激（例 以前に発作を起こした場所）のこともあれば，内的刺激（例 不安な出来事の想起）のこともあります。その刺激が自分にとっての「脅威」だと知覚されると「軽い不安」が生じ，それによって「不安の身体反応」が引き起こされます。こうした不安の身体反応は，普通は「この状況では当然のことだ」と認知されて，気にされなかったり，自然におさまったりします。ここまでは誰でも経験することです。

　ところが，その身体反応を「破局的な出来事だ」と認知すると，状況は変わります。たとえば，「心臓がドキドキするのは，このまま死んでしまう前兆ではないか」と誤った解釈をしてしまうような場合です。こうなると，悪循環に陥ります。図4でいえば，「脅威」はますます強くなり，「不安」も大きくなります。こうなると，はじめの刺激だけでなく，恐怖に対する恐怖，つまり「二次的恐怖」が生じて，それがさらに強い不安の身体反応を引き起こします。二次的恐怖とは，自分でコントロールできない不安状態そのものに対する不安です。さらには，過呼吸になると血液中の二酸化炭素の濃度が下がり，他の身体症状も引き起こします。そのような悪循環が絶頂に達したとき，パニック発作が起こります。

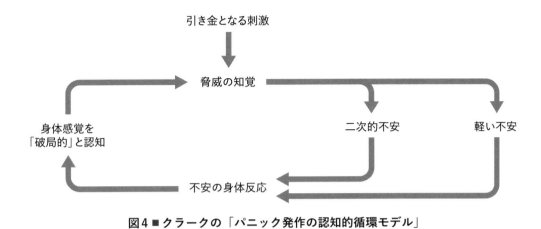

図4 ■ クラークの「パニック発作の認知的循環モデル」

3 トラブルシューティング

1──前回のホームワークのトラブルシューティング

> モニタリングはできているが，ワークシートに外在化したくない（または，できない）という参加者や，トレーナーや他の参加者に開示したくない（または，できない）という参加者には，どのように対応したらよいでしょう？

　攻撃性に関連する自動思考（例「死ねばいいのに」「地震が起きて何もかも壊れてしまえばいいのに」）や，性的な内容を含む自動思考，自己愛的な自動思考（例「オレ，最高」）といった場合，ワークに書けなかったり，トレーナーや他の参加者への開示に抵抗を感じたりする参加者もいます。

①ノーマライゼーションを行ない，自動思考をマインドフルに受け止められるように援助する
　自動思考は自動的に浮かんでくるものなので，どのような内容であっても本人には責任がないと伝えましょう。また，ほかの人に見せなくてもかまいませんが，自分自身で自動思考を把握し，外在化することはCBTの重要な手続きであるため，図に書き込んでほしいと伝えます。
　図に書くことで外在化できれば，自動思考と距離が取れ，トレーナーや他の参加者と共有することができるようになる場合もあります。

②トレーナーも他の参加者も，マインドフルにその参加者の体験を受け止める
　言いにくい内容が含まれる自動思考を検討しようとする状況自体が，その参加者にとってはストレスフルです。また，開示することでトレーナーや他の参加者からどのような評価を受けるかという不安が強くなることもあるでしょう。その場合，マインドフルネスについて再度心理教育を行なう必要があります（マインドフルについてはp.48参照）。グループセッションの場合は，自分の体験だけでなく他の参加者の体験についても，全員でマインドフルに受け止めることを再確認します。

③「自動思考を共有する状況」に対するアセスメントを行なう

　ホームワークとして行なったアセスメントの内容を開示する前に、「ホームワークとして行なったアセスメントを開示しようとする」という状況を題材にアセスメントを行なうことを提案しましょう。すると、「こんなことを考える自分は悪い人間だ」「こんなことを考えていると知られたら軽蔑されてしまう」という自動思考があることがわかるかもしれません。それらを共有することで、ホームワークで扱った状況で生じる自動思考を共有することに対する抵抗感が弱くなることもあります。

④空欄にしておく

　どうしても自分の自動思考を共有することができない場合は、その部分を空欄にしておくこともできます。その場合、その他の要素については通常通りにアセスメントの共有を行ないます。

2──今回のワークのトラブルシューティング

> 1. ストレス体験をまとめた結果、ストレスを感じる出来事（環境因）の影響があまりにも大きいことがわかった場合、どのように対応すればよいでしょうか？
> （例 職場でのストレスについて職場側に問題がある場合）

①環境因の重要性を評価する

　環境因の影響が大きいとわかった場合でも、参加者によってその重要性は異なります。トレーナーは、ハラスメント、暴力、犯罪に関連する緊急性の高い重大な環境因なのか、同僚との不和、仕事の急増といった本人による認知的・行動的対処が可能なものなのかを見極めます。

②緊急性の高い重大な環境因に対処する

　緊急性の高い重大な環境因の場合は、早急に適切なサポートを受けなければなりません。どのようなサポートを誰から受けるかということを参加者と話し合います。参加者が自分で案を出すか、トレーナーから提案すべきかはケースによって異なります。グループセッションでは十分に時間を割くことが難しい場合が多いため、個別相談が可能か、相談先の紹介が可能かを、あらかじめ検討しておく必要があるでしょう。

③その環境因をテーマにしてCBTを行なう

　②ほど緊急性がないか、影響が大きくないと判断した場合は、次回以降で学ぶ新たな技法（認知再構成法、問題解決法）を積極的に使って環境因に対処できると説明しましょう。

> 2. 抱えている問題が多すぎて，ここまで行なってきたアセスメントがまとまらない場合，どのようにすればよいでしょう？

　このような場合，無理にまとめる必要はありません。まず，多くの問題があること自体を共有し，「アセスメントを通じていろいろな問題があることが理解できたのはよいことです」と参加者にアセスメントの意義を伝えます。また，多くの問題があるなかでCBTに熱心に取り組んでいることをねぎらいましょう。

　今後の進め方には2つの選択肢があります。1つは，多くの問題について徹底的にアセスメントを行ない，一つひとつの問題についてまとめ，それらの問題の関連性も含めた全体的なまとめを行なう方法です。もう1つは，複数の問題からひとつを選んでまとめ，その問題についてCBTを先に進める方法です。

　セッション回数に制限があるグループセッションでは後者が選択されるでしょう。そうでない場合は，トレーナーと参加者で話し合って決めればよいでしょう。

　複数の問題を徹底的にアセスメントするには時間と労力がかかります。しかし，参加者は自分自身のことや抱えている問題について，深く，全体的に理解できるようになります。一方で，1つの問題に焦点をあてて進めると，その問題に関してCBTのさまざまなスキルを学ぶことができます。他の問題については，すでに学んだスキルを参加者自身が応用してもよいですし，時間があれば（例 回数に制限のない個人セッションの場合），他の問題に対するCBTにトレーナーと一緒に取り組んでもよいでしょう。進め方は，トレーナーと参加者が相談して決めてください。2つの方法の特徴や進め方の違いを説明し，参加者の意向を尊重しながら選択しましょう。

参考文献

ウィンディ・ドライデン＋ロバート・レントゥル［丹野義彦＝監訳］（1996）認知臨床心理学入門．東京大学出版会．
アーサー・フリーマン＝責任編集［内山喜久雄ほか＝監訳］（2010）認知行動療法事典．日本評論社．
アーサー・M・ネズ＋クリスティン・M・ネズ＋エリザベス・M・ロンバルド［伊藤絵美＝監訳］（2008）認知行動療法における事例定式化と治療デザインの作成．星和書店．
マジョリエ・E・ワイスハー［大野 裕＝監訳］（2009）アーロン・T・ベック──認知療法の成立と展開．創元社．
伊藤絵美（2008）事例で学ぶ認知行動療法．誠信書房．
坂本真士ほか＝編（2010）臨床に活かす基礎心理学．東京大学出版会．

第6回

幅広いものの捉え方を検討しよう1

第6回のアジェンダ

1. **第6回に必要なトレーナーのスキル**
    - ✚ 認知再構成法の概要と意義を伝える
    - ✚ 認知再構成法において，ストレス体験の一場面の自動思考を同定する
    - ✚ 認知再構成法で検討する自動思考の選び方を伝える
    - ◆ スキルのまとめ

2. **理論と技法の解説**
    - ✚ 認知再構成法について
    - ✚ 認知再構成法のツールについて

3. **トラブルシューティング**

参考文献

1 第6回に必要なトレーナーのスキル

1──認知再構成法の概要と意義を，具体例を通じてわかりやすく説明し，技法の習得に対するモチベーションを高める

認知再構成法とは，トレーニングブック（p.94）にあるように「ストレス反応に関連している自動思考をさまざまな角度から検討することによって新たな思考を生み出し，その結果，ストレス反応の軽減をめざす方法」です。

言葉にすると難しく聞こえますが，普段私たちはあまり意識することなく似たような手続きを頭のなかで行なって，ストレス体験に対処しています。したがって，誰もが経験したことがあるようなちょっとしたストレス体験を取り上げて，CBTの基本モデルで整理しながら説明すると，参加者は認知再構成法の概要や意義についてイメージしやすく，身近なものとして理解できるようになります。

ただし，普段の生活でなにげなく行なっている手続きですが，認知再構成法をスキルとして習得するには練習が必要です。第6回では，骨折後のリハビリテーションを例に取って，普段なにげなく行なっていることを意識的に行なうことの意味も説明します。

また，プログラムが新しいフェーズに入るところですので，参加者が「役に立ちそうだ」「とりあえずやってみよう」と思えるように，モチベーションを高めることも大切です。まずは，認知再構成法が「認知」に焦点をあてた技法であり，CBTでよく用いられる技法であることを伝えます。

また，認知再構成法がさまざまな心の病に対する治療効果と再発予防効果をもち，日常的なストレスマネジメントとしての効果も高いことを説明しましょう。トレーナーの体験や先輩参加者の体験談を用いて説明すると，参加者が具体的にイメージできるようになるでしょう。

例1 グループセッション

トレーナー　認知再構成法は，ストレス反応に関連している自動思考をさまざまな角度から検討することで，ストレス反応の軽減をめざす方法です。いくつかの手続きを踏んで段階的にみていきましょう。実は，私たちは普段から，ストレス体験に対処するために認知再構成法と似たような方法を実践しています。

たとえば，私は昨日，料理の味つけに失敗してしまったのですが，「せっかく時間をかけて作ったのにまずいものになってしまった」とか「もうやり直しできない」などと考えて，「落ち込み」「イライラ」という気分になりました。しばらくお鍋を見つめてぼんやりしていたのですが，「まあいいか」「一晩置いたら味もなじんでマシになるかもしれない」と考えたら気分も変わりました。
　　　さて，これをCBTの基本モデルの図で整理してみたいと思います（図1のように書き込む）。1つ目の図での私の気分は「落ち込み50％」「イライラ40％」だったのですが，自動思考が変わることで2つ目の図では「落ち込み20％」「イライラ10％」になりました。では，みなさんの経験も教えてください。

Mさん　この間，部屋がすごく散らかっているのを見て，「こんなに汚い部屋にいたくない」と思ってすごく憂うつな気分になったのですが，「寝る場所はあるし，まあいいか」「週末にまとめて片づけよう」と考えて気を紛らわせたことがありました。

Nさん　私はスーパーでレジが混んでいると「早く家に帰りたいのに」とか「もたもたしないでよ」と思ってイライラすることがあります。たいていは「イライラしても仕方ない」「5分くらい待っても帰る時間はたいして変わらない」と考えて気分を落ち着かせています。

トレーナー　みなさん，認知再構成法のポイントをよく理解できていますね。このように，私たちは軽いストレス反応に対しては，最初に生じてきた自動思考とは違う考え方をして，ストレス反応を軽減するという対処をなにげなく行なっています。
　　　しかし，これも多くの方が経験していると思いますが，ストレス反応が強くなると，ぐるぐると悩みつづけたり，嫌な気分をいつまでも引きずったりしてしまうものです。そして，それを変えるために，何らかの対処をすることになります。この状況を体にたとえると，足を骨折して元通り歩けるようになるためにリハビリが必要な状態と似ています。
　　　骨折後のリハビリでは「指先を動かす」「重心をかかとに乗せる」のように，歩くために必要な手続きを一つひとつ細かく分けて，少しずつ練習していきます。考え方の場合にも，認知再構成法の手続きにしたがって，認知を細かく分けながらていねいにみて，「認知のリハビリ」を行なうことが効果的です。

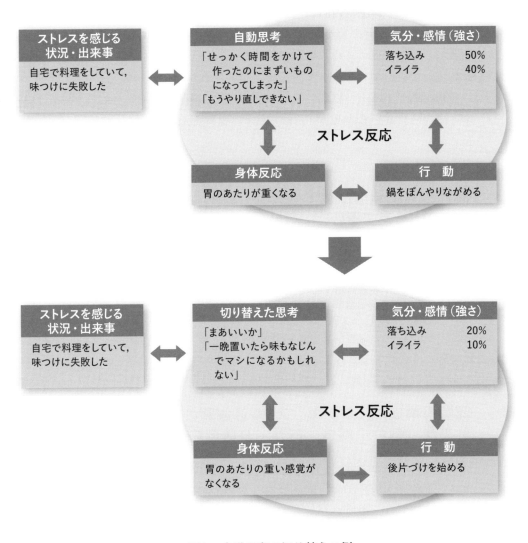

図1 ■ 自動思考の切り替えの例

例2 個人セッション／グループセッション

トレーナー　認知再構成法は、「認知」に焦点をあてた技法で、CBTでは最もよく用いられる技法です。多くの研究によって、さまざまな心の病に対する治療効果や再発予防効果が認められています。また、最近では、日常的なストレスマネジメントとしての効果も注目されています。

　私も仕事が煮詰まったり、家族のことで悩んだりと、強いストレス反応が起きる出来事に遭遇したときには、少し面倒ですが、骨折のリハビリをイメージしながら、一つひとつの手続きに時間をかけて認知再構成法を行なっています。過去にこのプログラムに参加した方からも、「手続きに慣れるまではおっ

くうに感じたけれど，何週間も悩みつづけていた出来事を数日で解決できるようになった」「練習を重ねて身についたら，ひどくつらい出来事だけでなく，日頃の小さなストレスにもすぐに対処できるようになった」という感想をいただいています。

　認知再構成法は，一度身につけてしまえば一生使える技法です。はじめは面倒に感じられるかもしれませんが，まずは気軽に取り組んでいただければと思います。

2——認知再構成法の手続きの概要を説明し，全体の流れについての見通しを立てる

　認知再構成法の具体的な説明を行なう前に，各手続きの概要をトレーニングブックにしたがって説明します（トレーニングブックpp.99-100参照）。ここでは全体の流れについておおよその見通しをもってもらうことが目的ですから，各手続きの詳しい説明はあえてしません。「ストレス体験の切り取り方」「気分・感情や自動思考の強さの評定の仕方」のような認知再構成法の各手続きについての質問が参加者から出たときは，後で詳しく説明すると伝えます。

3——認知再構成法において，ストレス体験の一場面を切り取り，自動思考，気分・感情，行動，身体反応を同定する意義を説明する

　アセスメントのフェーズでは，時間経過も含めて出来事・状況を書き出しましたが，認知再構成法では，漫画のひとコマのように，一連の出来事から一場面を切り取って，その場面に限定したストレス反応を細かく観察して書き出します。自動思考は時間の経過や状況の変化にともなって次から次へと浮かんでくるため，一場面を切り取らないと，ストレス反応に関連する自動思考をキャッチできないからです。

　次の例では，出来事・状況を細かく書き出すやりとりの後に，切り取る場面が違うとストレス反応も違ってくることを説明しています。OさんとPさんとQさんには同じストレス場面が生じたと仮定されていますが，ストレス反応は大きく異なっています。

　なお，出来事・状況は，いつ・どこで・誰と・どのようなことが起こったのか，参加者とトレーナーが，参加者の経験した体験を頭のなかにありありと描けるぐらい詳しく想起してもらいます。

例 Oさんの例

トレーナー　認知再構成法で検討したいストレス体験を教えてください。
Oさん　昨日の会議で議論に全然参加できなかったことです。あるプロジェクトに

　　　　　ついての会議だったのですが，再来週の土曜日にあるイベントについて相談を
　　　　　していました。
トレーナー　わかりました。もう少し詳しく状況を教えてください。昨日ということ
　　　　　は2月1日木曜日ですね。会議は何時から何時まででしたか？
Oさん　14時から始まって，だいたい1時間くらいでしたね。
トレーナー　14時から15時頃までですね。場所はどこですか？
Oさん　ミーティングスペースです。個室ではなくて，オフィスの一角にあるスペースです。
トレーナー　なるほど。大人数の会議ですか？
Oさん　いえ，メンバーは私が所属している課の主任と先輩と私の3人でした。
トレーナー　わかりました。3人での会議だったとのことですが，主任と先輩はそれ
　　　　　ぞれどの位置に座っていましたか？
Oさん　机をはさんで，ソファーが向かい合わせに置いてあるのですが，私が一人
　　　　　で座って，主任と先輩が並んで座っていました。
トレーナー　このような感じでよろしいですか？（図に書いて確認する（図2））
Oさん　はい。机は膝の位置くらいの低いものだったのですが，主任が膝の上に資料を置いていて，それを主任と先輩が2人でのぞきこんで話していました。資料は見えないし，2人だけで話していて，それがとても気になってしまって……

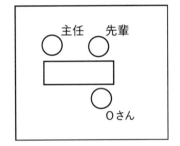

図2 ■ ミーティング中の席配置

トレーナー　なるほど。主任と先輩が2人だけで話していた時間は1時間の間どれくらいありましたか？
Oさん　ほとんどですよ。60分のうち50分くらいはそうでした。
トレーナー　わかりました。あなたが発言をする機会はありましたか？
Oさん　私も何か意見を言わなければと思って，会議の中盤頃に勇気を出して言ってみたのですが，主任が「うーん」と首をひねっただけで特にコメントはなく，また2人で相談を始める感じで。時間がきて，最後に会議で決まった内容を3人で確認して終わりました。
トレーナー　あなたはどのような発言をされたのですか？
Oさん　以前にXチームが対応したことのある内容だったので，「その点については，Xチームと連携を取ってみてはいかがでしょうか」と言いました。
トレーナー　わかりました。

例 Oさんの例

トレーナー　いろいろとお話をうかがわせてもらって，Oさんに起こった出来事がありありとイメージできました。では，Oさんが一番ストレスを感じたのは，この一連の出来事のどの瞬間でしょうか？

Oさん　そうですね。「その点については，Xチームと連携を取ってみてはいかがでしょうか」と意見を言ったら，主任が「うーん」と首をかしげて，コメントもなく2人での会話に戻っていったときですね。

トレーナー　わかりました。だいたいいつ頃のことか覚えていますか？

Oさん　そうですね，14時30分頃だったと思います。

トレーナー　わかりました。「2月1日木曜日14時30分頃，ミーティングスペースでの主任と先輩との会議の中盤，Oさんが『その点については，Xチームと連携を取ってみてはいかがでしょうか』と意見を言ったら，主任が『うーん』と首をかしげて，コメントもなく先輩との会話に戻っていった」でよろしいでしょうか？

Oさん　はい。

トレーナー　では，次にこのときのOさんのストレス反応を細かく観察して書き出していきましょう（以下略，図3参照）。

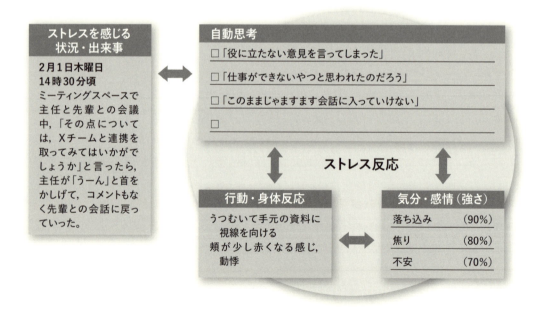

図3 ■ Oさんのストレス反応の例

> **例** Pさんの例

トレーナー　いろいろとお話をうかがわせてもらって，Pさんに起こった出来事がありありとイメージできました。では，Pさんが一番ストレスを感じたのは，この一連の出来事のどの瞬間でしょうか？

Pさん　そうですね。会議が終わって，自分のデスクに戻ったときですね。

トレーナー　何時頃ですか？

Pさん　15時5分頃だったと思います。

トレーナー　わかりました。そのときは，何か仕事をしていましたか？

Pさん　いえ，パソコンを立ち上げてぼんやりながめていました。

トレーナー　わかりました。「2月1日木曜日15時5分頃，主任と先輩との会議が終わった後，自分の席に戻ってパソコンを立ち上げ，それをぼんやりながめ，先ほどの会議のことを思い出している」でよろしいでしょうか？

Pさん　はい。

トレーナー　では，次にこのときのPさんのストレス反応を細かく観察して書き出していきましょう（以下略，図4参照）。

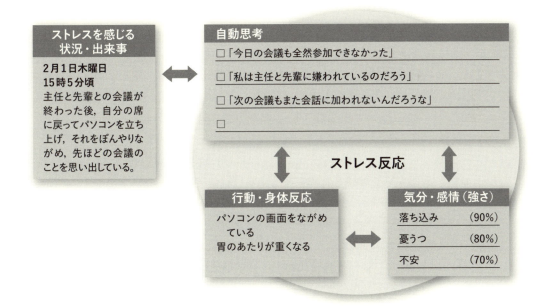

図4 ■ Pさんのストレス反応の例

> **解説** このようにひと続きの出来事であっても，出来事が起こっている最中にストレス反応が最も強くなる人もいれば，事後に出来事を振り返ったときにストレス反応が最も強くなる人もいます。その人が最もストレス反応を感じた瞬間を切り取ることが，ストレス体験の一場面を選ぶということです。

4──切り取った一場面のストレス体験における自動思考と気分・感情の強さを評定する意義と方法を，わかりやすく説明する

　自動思考と気分・感情の評定は，各参加者の「主観的なものさし」で行ないます。評定するのが難しい参加者には，紙に数センチの横線を引き，左端を0％，右端を100％として，強さがどれくらいか記入する「ビジュアルアナログスケール」を使う方法もあります。また，過去にその気分・感情を最も強く感じたときや，自動思考を最も強く生じたときのことを思い出してもらい，現在と比較する方法もあります。

　認知再構成法における自動思考と気分・感情の評定は，ストレス反応を細かくモニタリングしたり，認知再構成法の前後でのストレス反応の変化を検証したりすることをねらいとしています。また，今後検討する自動思考を選ぶ手がかりにもなります。こうした意義についても参加者に説明することが大切です。

　次の例では，自動思考と気分・感情の評定の仕方を示しています。

例　Qさんの例

トレーナー　そのときに感じた気分は「不安」とのことですが，強さは0〜100％のうち，どれくらいでしょうか？

Qさん　そうですね。わりと強く感じたと思うのですが……うまくイメージできません。

トレーナー　では，ちょっと視点を変えて，ほかの出来事と比較してみましょう。今までに一番強く不安を感じた出来事を教えてください。

Qさん　地震でエレベーターに閉じ込められたときのことです。「このまま何時間も扉が開かなかったらどうしよう」と，とても不安でした。

トレーナー　大変でしたね。では，そのときの不安の強さを100％とします（ビジュアルアナログスケールに書き込む）。そうすると，今回の不安の強さは0〜100％のうち，どれくらいでしょうか？

Qさん　そうですね，あのときが100％だとすると，今回は80％ぐらいだと思います。

トレーナー　わかりました。では，次に自動思考の強さを評定してみましょう。「またプレゼンに失敗するにちがいない」という自動思考ですが，強さは0〜100％のうち，どれくらいでしょうか？

Qさん　それはもちろん100％です。

トレーナー　なるほど。絶対にその通りだと思う，という感じでしょうか？

Qさん　そうですね……その通りだとは思うのですが，絶対というほどは強くはないかもしれません。

トレーナー　なるほど。では，「まったくそう思わない」「どちらかといえばそう思わない」「どちらかといえばそう思う」「絶対にそう思う」だと，どれにあてはまりそうですか？（ビジュアルアナログスケールに書き込む）

Qさん　「絶対にそう思う」と「どちらかといえばそう思う」の間ですね。

トレーナー　わかりました。ということは，80%か90%くらいでしょうか？

Qさん　そうですね。90%くらいだと思います。

トレーナー　わかりました。

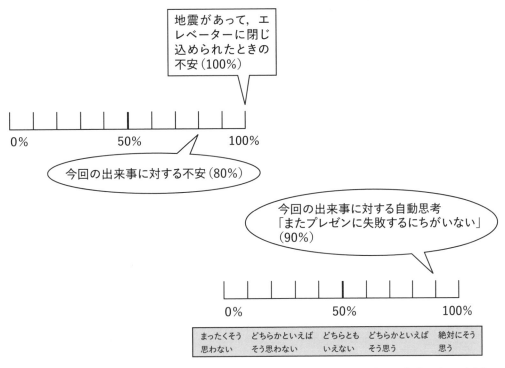

図5 ■ ビジュアルアナログスケールの例（上：気分・感情の強さ／下：自動思考の強さ）

5 ── 認知再構成法で検討する自動思考の選び方を，わかりやすく説明する

　認知再構成法では，一度に検討する自動思考を1つに絞ります。これは，ストレス反応に関連している自動思考を広く浅く検討するのではなく，ストレス反応に最も関連している自動思考を見極めたうえで，さまざまな角度から十分に検討するためです。検討する自動思考は，次の4つのポイントに沿って選択します（トレーニングブックpp.103-104参照）。

①強く信じているもの（自動思考の強さのパーセントが高いもの）
②非機能的な「気分・感情」「身体反応」「行動」に結びつくもの
③頻繁に出てくるもの
④自分でも妥当ではないとわかっていても，どうしても思い浮かんでしまうもの

　ただし，時としてこれらのポイントに沿っても，検討する自動思考を1つに決められないこともあります。グループセッションのようにプログラムの施行回数が制限されている場合は，扱える数が限られていることをあらかじめ説明し，検討する自動思考の優先順位を参加者と相談して決めてください。施行回数に制限のない場合は，暫定的にどれか1つを選択する方法や，それぞれ別の「自動思考を検討するためのシート」に書き込み，順に検討していく方法もありますので，参加者と相談して進め方を決めます。

　次の例では，検討する自動思考を，前述した4つのポイントに沿って絞るプロセスを示しています。

例 Rさんの例

トレーナー　では，検討したい自動思考を選びましょう。まず，このなかで最も強い自動思考はどれですか？

Rさん　同じくらいの強さのものが3つあります。「トイレに立つ前にまずいことを言ってしまったかもしれない」「今日は，本当は2人で会いたかったのかもしれない」「私はいつだって仲間はずれだ」ですね。

トレーナー　わかりました。では，その3つのなかで，ストレス反応と特に関連する自動思考はどれですか？

Rさん　そうですね。2つに絞れそうです。まずは「私はいつだって仲間はずれだ」ですね。どの気分とも関連していますし，「目の前が暗くなる感じ」が出てきたのも，この自動思考が強く出てきたからだと思います。それから「トイレに立つ前にまずいことを言ってしまったかもしれない」は，不安な気分ととても関連していると思います。それから「ほかの話題を2人にふる」というのも，不安でその場の雰囲気を変えたくて取った行動だと思います。

トレーナー　なるほど。では，よく出てくる自動思考や，妥当じゃないとわかっていても，どうしても思い浮かんでしまう自動思考はどちらですか？

Rさん　それは「私はいつだって仲間はずれだ」ですね。ほかの出来事でも似たような自動思考が浮かぶことがあります。自分でもおかしいなとは思うのですが，しょっちゅう出てきてしまうんですよね。

トレーナー　わかりました。では，まずは「私はいつだって仲間はずれだ」について認知再構成法で検討していきましょう。

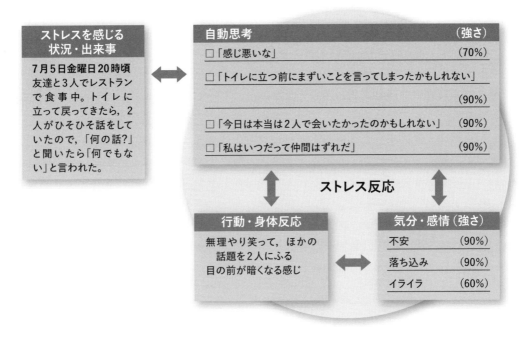

図6 ■ 自動思考の選び方

6 ── アセスメントのセッションで身につけたことが認知再構成法でも使えることを理解してもらい、新しい技法に気楽に取り組んでもらうための構えを形成する

　認知再構成法という耳慣れない言葉やなじみのない手続きを見聞きして,「私に理解できるのだろうか」と不安を感じる参加者も少なくありません。しかし,認知再構成法の手続きはアセスメントのフェーズで取り組んできたことの続編のようなものです。アセスメントのフェーズで身につけたスキル(基本モデルに沿ったセルフモニタリング)が認知再構成法でもそのまま使えるということを,自分の体験を書き出す作業を通じて知ってもらうことが,第6回のワークのねらいのひとつです(トレーニングブック p.105参照)。

　これまでに取り組んできた内容の続編であること,すでに身につけたことを認知再構成法の枠組みのなかで繰り返していることを伝え,参加者に肩の力を抜いて取り組んでもらいます。

◉ スキルのまとめ

- ◆ 第6回から第8回まで,3回かけて認知再構成法の理論の理解と実践に取り組みます。
- ◆ 全体の流れについて見通しを立てます。
- ◆ 認知再構成法の手続き①「ストレス場面における自動思考を同定する」と,認知再構成法の手続き②「検討する自動思考を選択する」に取り組みます。
- ◆ 認知再構成法の手続き①のポイントは,一連の出来事から切り取った一場面についての自動思考を書き出すこと,自動思考と気分・感情の強さを評定することです。
- ◆ 認知再構成法の手続き②のポイントは,トレーニングブックにある4つのポイントに沿って,一度に検討する自動思考を1つに絞ることです。

2 理論と技法の解説

1── 認知再構成法について

　認知再構成法の起源は，1960年代初頭に，認知が気分に与える影響をアーロン・ベックが発見したことにさかのぼります（第4回のpp.81-82を参照してください）。それまで，うつ病は気分・感情の異常としか考えられていなかったのですが，アーロン・ベックは，原因のひとつに「認知の歪み」があることを見出しました。そして，患者自身が自分のネガティブな（歪んだ）認知に気づき，それを現実的で合理的な認知に修正することで気分が改善すると考え，認知療法を創始しました。

　このように当初の認知療法では，比較的軽症のうつ病患者を対象として，彼らの現実検討が偏っていることに着目し，自動思考に対する「根拠」「反証」を検討しさえすれば気分が改善すると考えられていました。

　その後，認知再構成法を中心とした認知療法の治療効果や再発予防効果を裏づけるエビデンスがさまざまな研究によって実証されるなかで，認知療法の系譜と行動療法の系譜が重なり合い，認知行動療法と呼ばれるようになり，その適応範囲も広がっていきました。現在では，うつ病以外にも不安障害，統合失調症，物質乱用など対象となる疾患が増えただけでなく，産業，教育などさまざまな領域で活用されるようになっています。

　また，1990年代に入り，アーロン・ベックの娘であるジュディス・ベックが，認知の"内容の妥当性"だけでなく，認知がもつ"機能"や"有用性"に着目することの重要性を明らかにしました。そして，認知が歪んでいるか否かに焦点をあて，ネガティブな認知の内容を変化させることよりも，新たな認知を生み出し，結果として気分の改善につながる認知にすることの効果に着目するようになりました。この流れが生まれ，自動思考を検討する際の質問も，従来の「根拠」「反証」に加え，「フレンド・クエスチョン」「メリット・デメリット」など脱中心化の視点に基づく質問が追加されました。

　その後，スティーブン・ヘイズたちのアクセプタンス＆コミットメントセラピー（ACT），ジンデル・シーガルたちのマインドフルネス認知療法など，「マインドフルネス」と「アクセプタンス」を共通の治療要素とするCBTの流れが生まれ，自分の認知そのものを認知する「メタ認知」による効果が着目されるようになりました。

　伊藤（2006）に示されるように，自動思考を検討する際の質問も12個に増え，ジュ

ディス・ベックの質問集よりも，文脈に着目したり，メタ認知的にとらえることを狙いとしたりするものへと発展しています（表1）。

---

1. どのような根拠があるか？　この自動思考を支持する根拠は何か？　この自動思考に反する根拠は何か？
2. 何か別の見方はあるだろうか？
3. 起こりうる最悪の結果とは，どのようなことだろうか？　自分はそれを切り抜けられるだろうか？　起こりうる最良の結果とは，どのようなことだろうか？　起こりうる最も現実的な結果とは，どのようなことだろうか？
4. この自動思考を信じることによって，どのような効果があるだろうか？　この自動思考を修正すると，どのような効果があるだろうか？
5. この自動思考に対し，どのようなことを行なえばよいだろうか？
6. もし _____（友人）が自分と同じ状況に置かれていたら，その友人に何と言うだろうか？

表1 ■ 自動思考に対する質問（Copyright 1995 by Judith S. Beck, Ph.D.）

2── 認知再構成法のツールについて

　認知再構成法は複数の手続きからなる技法です。慣れないうちは，頭のなかだけで行なうと情報処理の負荷が大きすぎます。通常は何らかのツールを使い，視覚的な手がかりを使いながら進めていきます。

　ツールを用いることのメリットとして，次のようなことが挙げられます。

　　①情報処理の負担を軽減できる
　　②ストレス体験を外在化できる
　　③メタ認知機能が補強される
　　④状況とストレス反応の結びつきを視覚的に理解できる
　　⑤あとからストレス体験を詳しく振り返ることができる

　ただし，最終的には，頭のなかにツールを描いて使用できることを目指します。そのためには，ツールを用いて実際に繰り返し認知再構成法を行ない，各手続きをスムーズに行なえるようになることが必要です。

　認知再構成法のツールとしてよく知られている「非機能的思考記録表（Dysfunctional Thought Record：DTR）」は，アーロン・ベックが開発した「非機能的思考の日常記録（Daily Record of Dysfunctional Thoughts）」(Beck et al., 1979)（表2）を改編したワークシートです。その後，多くのツールが開発されていますが，ジュディス・ベックの非機能的思考記録表が世界的によく知られています（表3）。

　日本では，大野（2003）による5つまたは7つのコラムを用いる非機能的思考記録

表が有名です（表4）。このような非機能的思考記録表に書き込む方法は「コラム法」と呼ばれることもあります。

近年では、図的ツールを開発し、使用している専門家も増えています。その一人である伊藤（2011）は、「人間は図的に物事を考える存在であり、人間の思考そのものを扱う認知再構成法には図的なツールがより適している」と考え、3枚のツールを開発しました。

図的ツールは、非機能的思考記録表にくらべて構造が複雑で、書き込みに時間がかかるというデメリットもありますが、ツールを見るだけで認知再構成法の流れが論理的に理解でき、マインドフルなアセスメントの重要性が強調されるというメリットもあります。

なお、本書では、伊藤（2006）のツールを一部改編した、「ストレス場面における自動思考を同定するためのシート」「自動思考を検討するためのシート」「新たな思考を案出するためのシート」という3枚のツールを使用しています（巻末付録参照）。

ほかにも、現在ではウェブ版「うつ・不安ネット」などコンピュータ支援型CBTというコンピュータやウェブを用いるアプローチもあります。このようにさまざまなツールがありますが、参加者の特性やニーズに合わせて、その人が使いやすいものを使用することが大切です。

日付（　　　　　　）

状況	1. 不快な情動につながった実際の出来事 または 2. 不快な情動につながった思考や空想や回想の流れ	
情動	1. 悲しみ／不安／怒りなど、具体的に 2. 情動の強さを1～100で評価する	
自動思考	1. 情動に先立って現われた自動思考 2. 自動思考をどの程度信じているか0～100％で評価する	
妥当な反応	1. 自動思考に対する妥当な反応 2. 妥当な反応をどの程度信じているか0～100％で評価する	
結果	1. 自動思考をどの程度信じているか0～100％で再評価する 2. 結果の情動を具体的に書き、強さを1～100で評価する	

使い方──不快な情動を経験したら、その情動を引き起こしたと思われる状況を書き込みます（その情動が起こったときに、考えごとをしていたり、空想をしていたりしたら、そのことを書きます）。次に、その情動に結びついた自動思考を書き込みます。その思考を自分がどの程度信じているかも記録します。まったく信じていなければ0％、完全に信じていれば100％です。情動の強さの評価は、ごく弱いものが1、考えられる限り最も激しいものを100とします。

表2 ■ 非機能的思考記録表（Copyright 2009 by Aaron T. Beck）

教示——自分の気分の変化に気づいたら、自分に問いかけてみましょう。「今、どのようなことが私の頭に浮かんでいるのだろうか？」。そして、できるだけすぐに、その思考やイメージを、「自動思考」の欄に記入しましょう。

日付と時間	状況	自動思考	感情	適応的な対応	結果
	1. あなたを不快にさせたのは、どのような出来事、考え、想像、記憶ですか？ 2. どのような不快な身体感覚がありましたか？	1. どのような考えやイメージが、あなたの頭に浮かびましたか？ 2. あなたはそのとき、その思考やイメージをどれくらい確信していましたか？ (0〜100%)	1. あなたはそのとき、どのような感情（例 悲しみ、不安、怒りなど）を感じていましたか？ 2. それはどれくらいの強さでしたか？ (0〜100%)	1.（できれば記入する）どのような認知の歪みが見られますか？ 2. 下記の質問リストを使って、自動思考に対する適応的な対応を書き出してみましょう。 3. 適応的な対応に対する確信度はどれくらいですか？	1. 今、各自動思考を、どれくらい確信していますか？ 2. 今の感情は？ 強度は？ 3. これからどうしますか？（どのようなことをしましたか？）

別の見方を見つけるための質問リスト——1. 自動思考を支持する根拠は何か？ 自動思考に反する根拠は何か？ 2. 何か別の見方は、あるだろうか？ 3. 起こりうる最悪の結果とは、どのようなことだろうか？ 自分はそれを切り抜けられるだろうか？ 起こりうる最良の結果とは、どのようなことだろうか？ 起こりうる最も現実的な結果とは、どのようなことだろうか？ 4. この自動思考を信じることによって、どのような効果があるだろうか？ この自動思考を修正すると、どのような効果があるだろうか？ 5. この自動思考に対し、どのようなことを行なえばよいだろうか？ 6. もし＿＿＿＿（友人）が自分と同じ状況に置かれていたら、そのような友人に何と言うだろうか？

表 3 ■ 非機能的思考記録表 (Copyright 2004 by Judith S. Beck, Ph. D.)

状況	
気分	
自動思考	
根拠	
反証	
適応的思考	
心の変化	

（左側：状況～反証が「5つのコラム」、状況～心の変化が「7つのコラム」）

表4 ■非機能的思考記録表（Copyright 2003 by Yutaka Ono）

3 トラブルシューティング

1── 前回のホームワークのトラブルシューティング

> ストレス体験のパターンをまとめるなかで,そのパターンに影響を与えている価値観や過去の重大な体験のような,より大きなテーマに気づいたという参加者には,どのように対応すればよいでしょう?(例「結局,いつも私は完璧を目指して生きているようです」「今までの人生を振り返ってみたら,小学生のときに仲の良かった友達に突然いじめられてから,人は突然裏切るものだと考えるようになったことに気がつきました」)

①参加者の気づきを受け止め,肯定的に評価する

　自分のストレス体験をじっくりモニタリングしたり,そのパターンをまとめるなかで,影響をおよぼしている自らの価値観に気づいたり,過去の体験とのつながりに気づくことは珍しいことではありません。また,より大きなテーマに気づいたということは,それだけ自分のストレス体験のモニタリングがしっかりできているということです。

　トレーナーは,参加者が気づいたことを受け止めて肯定的に評価し,書き出しておくように伝えます(例「自分の大きなテーマについてよく気がつくことができましたね。大切なことに気づいたので,どこかに書き出しておいて,また何か気づいたら加えていきましょう」)。

②CBTの進め方を説明する

　トレーニングブック(p.34)や本書第4回で説明したように,認知には浅いレベルのものから深いレベルのものまであり,最も浅いレベルの認知を自動思考,深いレベルの認知を媒介信念・中核信念と呼んでいます。また,媒介信念・中核信念をあわせてスキーマと呼ぶこともあります。トレーニングブックでは自動思考レベルの認知を取り扱いますが,ここでの参加者の気づきはスキーマレベルのものです。

　ただし,CBTでは,まずは自動思考レベルの認知について,基本モデルを使って正しく理解し,ストレス対処の工夫ができるようになることを目指すため,この段階ではスキーマレベルの認知を扱いません。

こうしたCBTの進め方を参加者に伝え，基本モデルでストレス対処の工夫ができるようになった後に，スキーマレベルの認知に焦点をあてた介入を行なうかどうか再度話し合う機会をもつと伝えます。

2── 今回のワークのトラブルシューティング

> 認知再構成法で検討する自動思考を選択する際に，「自動思考を選択する際のポイント」（トレーニングブック pp.103-104参照）に沿って進めても1つに絞れない場合には，どのように対応したらよいでしょう？

　トレーナーは，参加者にとってはどれも重要な自動思考であることを受け止めたうえで，自動思考によるストレス反応の違いを1つずつ細かく検討してみることを提案します。具体的には，「もし，○○という自動思考が浮かばなかったら，気分や身体反応，行動にどのような違いがあるでしょうか？」と質問します。そして，仮にその自動思考が浮かばなければ，「気分・感情」「身体反応」「行動」の内容や強さにどのような変化があるのか，1つずつの自動思考についてシミュレーションを行ないます。
　このようなシミュレーションを行なっても絞りきれない場合には，扱う自動思考を1つに決めることにこだわる必要はありません。同じ状況で生じた複数の自動思考は互いに関連があるので，暫定的に今回検討する自動思考を1つ決めて，認知再構成法の手続きを一通り行なってみることを提案します。必要な場合は，あとから別の自動思考について検討することもできます。

参考文献

パトリシア・A・バッハ＋ダニエル・J・モラン［武藤 崇ほか＝訳］（2009）ACT を実践する．星和書店．
Beck, A.T. and Beck, J.［古川壽亮＝訳］（2008）Beck & Beck の認知行動療法ライブセッション．医学書院．
Beck, A.T., Rush, A.J., Shaw, B.F. and Emery, G.（1979）Cognitive Therapy of Depression. New York : Guilford Press.（坂野雄二＝監訳（1992）うつ病の認知療法．岩崎学術出版社）
ジュディス・S・ベック［伊藤絵美・神村栄一・藤澤大介＝訳］（2004）認知療法実践ガイド・基礎から応用まで──ジュディス・ベックの認知療法テキスト．星和書店．
マジョリエ・E・ワイスハー［大野 裕＝訳］（2009）アーロン・T・ベック．創元社．
伊藤絵美（2006）認知療法・認知行動療法面接の実際．星和書店．
伊藤絵美（2008）事例で学ぶ認知行動療法．誠信書房．
伊藤絵美（2011）第9回講義 認知再構成の技法．In：下山晴彦＝編（2011）認知行動療法を学ぶ．金剛出版．
認知療法・認知行動療法活用サイト「うつ・不安ネット」（http://cbtjp.net）
大野 裕（2003）こころが晴れるノート──うつと不安の認知療法自習帳．創元社．

第7回

幅広いものの捉え方を検討しよう2

第7回のアジェンダ

1. **第7回に必要なトレーナーのスキル**
   - ✚自動思考を検討するための質問集の意義を説明する
   - ✚参加者に質問集になじんでもらう
   - ◆スキルのまとめ

2. **理論と技法の解説**
   - ✚認知再構成法の質問集について

3. **トラブルシューティング**

参考文献

1 第7回に必要なトレーナーのスキル

1── 自動思考を検討するための質問集の意義をわかりやすく説明する

トレーニングブックの第7回（p.112）で説明されているように，認知再構成法の手続き③「選択した自動思考について検討する」では，認知再構成法の手続き④「新たな思考を案出する」のための素材作りを行ないます。質問集は，そのための「考えるきっかけ」になります。質問集があると，参加者はさまざまな視点から多くの素材を気軽に考え出すことができます。

素材が多ければ多いほど，新たな思考を案出しやすくなります。参加者には多くの素材を出すことの意義を伝えましょう。また，「自動思考を検討するためのシート」以外の紙にも素材となるアイデアをどんどん書き出してもらいましょう。

2── 質問集の各質問の意味をわかりやすく説明したうえで，自動思考についてブレインストーミングを行なう

「自動思考を検討するためのシート」（表1／本書p.132および巻末付録）に書き込んでもらう前に，質問集の各質問について参加者に説明します。ここでは，各質問が何を尋ねているのかを参加者にていねいに説明して，理解してもらうことが大切です。そのうえで，参加者自身の自動思考についてブレインストーミングを行ないます。トレーナーは，トレーニングブックのpp.114-117を読み，次に紹介する「各質問の意味や説明を行なう際のコツ」を理解しておくことが大切です。

①自動思考がその通りであることの事実や根拠（理由）は何でしょうか？
②自動思考がその通りではないとしたら，その事実や根拠（理由）は何でしょうか？

　①②は自動思考の内容の妥当性を検討するための質問です。①にもとづいて，なぜその自動思考を「その通り」だと思うのか，参加者とトレーナーの双方が正しく理解することが大切です。そのうえで，②の質問について検討します。

この2つの質問を通じて，参加者に自分の自動思考から距離を置いて検討してもらいます。そのとき，「仮にこの自動思考がその通りであるとしたら，どのような根拠からそう言えますか？」「仮にこの自動思考が違うとしたら，どのような理由からそ

のように言えますか？」というように，仮定法を用いて質問するとよいでしょう。

③自動思考を信じるメリットは何でしょうか？
④自動思考を信じるデメリットは何でしょうか？
　③④は自動思考の有用性と機能を検討するための質問です。検討している出来事が起こった時点での自動思考を信じるメリットとデメリットを挙げます。ここでも，参加者が自分の自動思考から距離を置いて検討できるように，「仮にこの自動思考にもとづいて行動したら，どのようなメリットがありますか？」「仮にこの自動思考を信じるとしたら，どのようなデメリットがありますか？」のように質問します。

　なお，③について，「自動思考のメリットは何もない」と言う参加者もいるでしょう。しかし，自動思考には何らかの意味があるものです。トレーナーは参加者の意見をすぐに受け入れるのではなく，「たとえば，『この仕事は到底自分の手に負えない』という自動思考を信じれば，早めに他の人に仕事を頼むことができたり，あらかじめできないと考えているので失敗してもあまり傷つかずにすんだり，というメリットがあるかもしれませんね」と伝えて，参加者と一緒にさらに自動思考を検討してください。

　どうしてもメリットを見つけることができない場合には，「この自動思考にはメリットがないかもしれない」と暫定的に結論づけ，③をいったん保留にするという方法もあります。

⑤最悪どんなことになる可能性がありますか？
⑥奇跡が起こったらどんなすばらしいことになりますか？
⑦現実には，どんなことになりそうですか？
　これらは，「最悪」「奇跡」という両極端の場面を想定して，ありとあらゆる可能性について幅広く考えるための質問です。「最悪の場合は，どのような状況になりますか？」「最悪の場合は，自分自身がどのようになってしまう可能性がありますか？」「奇跡が起こったら，どのようなすばらしい状況になりますか？」「奇跡が起こったら，どのような自分自身になりますか？」というように，質問ごとに「状況」と「その状況に置かれている自分」についてそれぞれアイデアを挙げてもらいます。

　そのうえで，⑤の「最悪」と⑥の「奇跡」の間で起こりうる現実を幅広く検討します。「現実には，明日どのような状況になると思いますか？」「現実には，明日自分がどのようになっていると思いますか？」のように質問します。

　なお，⑤⑥では，現実からかけ離れた両極端の場面を想定してもらうことが大切です。頭のなかだけで想定することが難しい場合は，自動思考や気分・感情の評定と同じように，紙に縦線を引き，左端が「最悪」，右端が「奇跡」，その間に幅広く「現実」があるとして，視覚化しながらアイデアを考えてもらう方法もあります（図1）。

　また，⑦では，問題となっている自動思考が思い浮かんだ時点やその直後だけでなく，2週間後，1年後，5年後，10年後と，将来に関しても検討します。

図1 ■ 最悪・奇跡・現実の示し方

⑧以前，似たような体験をしたとき，どんな対処をしましたか？
⑨他の人なら，この状況に対してどんなことができそうですか？
⑩この状況に対して，どんなことができそうですか？

　⑧⑨は，過去の自分の対処を思い出したり，他の人の対処を想像したりして，対処方法のイメージを膨らませたうえで，今回の状況で参加者本人ができそうな対処を検討するための質問です。なお，対処には「気持ちを紛らわせるために買い物をする」といった行動による対処だけでなく，「『一晩寝てからまた考えよう』と思い直す」といった認知による対処も含まれます。

　⑧では，上手くいった対処だけでなく，それなりに上手くいった対処や，失敗してしまった対処も挙げてもらいます。

　⑨では，家族，友人，同僚のような身近な人だけでなく，「この人のように対処できたらいいな」と思う憧れの人，反対に嫌いなタイプの人，アニメのキャラクターや映画の登場人物などを想定してもかまいません。また，個人セッションではトレーナーのアイデアを，グループセッションでは他の参加者のアイデアを書き込んでもらうとよいでしょう。なお，トレーナーがアイデアを出す際には，「私も他の人の一人ですが，アイデアを言ってもいいですか？」と前置きしてください。「トレーナーが言うことだから正しい」と参加者に思わせない工夫が大切だからです。

　⑧⑨を十分に検討した後で，⑩に取り組みます。今回の対象である自動思考が思い浮かんだ場面にタイムマシンで戻ったと仮定して，現在の自分にできそうな認知的・行動的対処を検討してもらいます。

⑪もし，これが友達や家族だったら，あなたは何と言ってあげたいですか？
⑫自分自身に対して，どんなことを言ってあげたいですか？

　⑪⑫は，視点を変えて新たな考えを生み出すための質問です。参加者には他の人にアドバイスをする立場に立ってもらいます。①〜⑩を検討していくなかで思考が柔軟になっているはずですが，さらにアドバイスをする状況を設定することで，より柔軟なアイデアを生み出すことを狙いとしています。

　しかし，アドバイスが「大丈夫」「気にしないほうがいいよ」という漠然としたものになってしまう場合も少なくありません。そこで，具体的で根拠があるアイデアを出せるよう，参加者とトレーナーとでロールプレイを行ないます。ポイントは，トレーナーがあえてものわかりの悪い友人や，自動思考でがんじがらめになっている参加者自身を演じることです。

次に、⑪⑫の質問それぞれについて、ロールプレイの例を示します。

例　⑪のロールプレイ（個人セッション）

トレーナー　①〜⑩の質問に対してたくさんアイデアを出せましたね。⑪では、これまでとは視点を変えて、「Sさんと同じ自動思考でストレスを抱えている友達」へのアドバイスを考えてもらいます。ここでの友達は、「Sさんにとって大切な友達」だと思ってください。⑪では、もっと実感をともなった具体的なアドバイスを提案しやすいように、私とロールプレイをしながら、アイデアを出していきたいと思います。私が「Sさんと同じ自動思考でストレスを抱えている友達役」をやるので、Sさんは友達が納得できるようにアドバイスをしてください。私はわざと頑固でものわかりの悪い友達を演じます。

Sさん　わかりました。

トレーナー　では始めましょう。

トレーナー（友達役）　彼氏にデートをドタキャンされて……。そのたびにいつも「彼は私より仕事のほうが大切なんだ」と思っちゃうの。

Sさん　仕事とあなたをくらべる必要はないんじゃない？

トレーナー（友達役）　でも、仕事のほうが大切だから、私とのデートをキャンセルしたんじゃないのかな。

Sさん　うーん……でも今は彼が担当しているプロジェクトの踏ん張り時なんでしょう？　たまたまそういう時期とデートが重なっているんじゃないのかな？

トレーナー（友達役）　それはそうだけど。でも、もう3回目だよ？　デートの予定が先に入っているときぐらい、たまには休日出勤を断わればいいのに。

Sさん　うーん……でもやっぱり、彼もまだ下っ端だし、休日出勤を断るのは難しいんじゃないのかな？

トレーナー（友達役）　そりゃあそうかもしれないけれど、じゃあ私が我慢しつづけるしかないってこと？

Sさん　そうだよね。たしかに我慢はつらいよね……

トレーナー（友達役）　我慢しないとしたら、どうしたらいいのかな。

Sさん　うーん……一度彼に気持ちを伝えてみてもいいんじゃないかな。「わかった」としか言っていないから、彼はあなたがそんなに落ち込んでいるなんて思っていないかもしれないし。

トレーナー（友達役）　そっか。一度気持ちを伝えてみるのもいいかもしれない。ありがとう。

解説 例では「Sさんにとって大切な友達」としましたが，具体的な人物を想定してロールプレイを行なうこともできます。その場合は，その人物の特徴や参加者との関係性などについてイメージを共有してから，ロールプレイを行ないましょう。

例 ⑫のロールプレイ（個人セッション）

トレーナー　⑫の質問も，ロールプレイをしながらアイデアを出していきましょう。今からタイムマシンに乗って，自動思考が思い浮かんだ状況に戻ります。そこにいるSさんに今のSさんが声をかけてアドバイスをします。私が，自動思考が思い浮かんだ状況のSさんの役になるので，Sさんは今の自分としてアドバイスをしてください。

Sさん　わかりました。

トレーナー　では，始めましょう。彼にまたデートをドタキャンされて……。やっぱり「彼は私より仕事のほうが大切なんだ」と思っちゃうよ。

Sさん　たしかにそう思っても仕方ないよね。だってもう3回目でしょう？

トレーナー　でしょう？　いくらプロジェクトの踏ん張り時だからって，3回もドタキャンするなんて，きっと私より仕事のほうが大切なんだよ。もう落ち込みすぎて本当につらい。

Sさん　たしかにそう思うと落ち込むよね。

トレーナー　こんなに落ち込んでたら何もできないよ。明日も予定がなくなっちゃったし。

Sさん　でも，せっかくの金曜日の夜と休日なのに，もったいなくない？

トレーナー　そうかもしれないけど，落ち込んで何をしたらいいかわからないよ。

Sさん　せっかくさっきまでドラマを楽しんでいたんだし，気分を切り替えて続きを観られるといいよね。

トレーナー　たしかにさっきまでは楽しく観ていたけれど……でも，そんな気持ちにはなれないし……

Sさん　じゃあ，まずは何か別のことをして気持ちを切り替えてみようよ。

トレーナー　うーん……どうしたらいいかな？

Sさん　たとえば，お風呂に入るのはどうかな。

トレーナー　とりあえずそうしてみようかな。でも，明日はどうしたらいいかな？

Sさん　うーん……それもお風呂に入って，少し落ち着いてから考えてみたらどうかな。

トレーナー　それもそうだね。ありがとう。

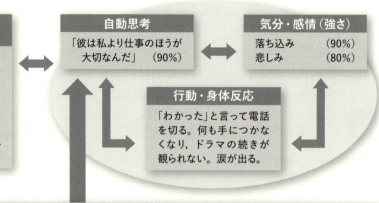

自動思考を検討する

①自動思考がその通りであることの事実や根拠（理由）は何でしょうか？

デートの約束が先だったのに，それをキャンセルして仕事に行くことを選んだ。
今までにも2回同じことがあった。

②自動思考がその通りではないとしたら，その事実や根拠（理由）は何でしょうか？

彼に私より仕事のほうが大切と言われたことはない。
誕生日にレストランを予約してくれたり，プレゼントをくれたことがある。
電話で担当しているプロジェクトが今踏ん張り時であると言っていた。

③自動思考を信じるメリットは何でしょうか？

たとえ振られたとしても，「やっぱりな」と思って，そこまで傷つかないですむ。
「わかった」と引き下がれば，彼とケンカにならないですむ。

④自動思考を信じるデメリットは何でしょうか？

自分に彼女としての価値がないように感じてつらい。
せっかく楽しんでいたドラマが楽しめなくなる。

⑤最悪，どんなことになる可能性がありますか？

本当は仕事というのは嘘で，私に会わないための言い訳であり，実は彼が浮気をしていることを知る。浮気相手の家に乗り込んで，ナイフで刺して，逮捕されて，刑務所で一生を終える。

⑥奇跡が起こったらどんなすばらしいことになりますか？

実は彼は結婚資金を貯めるために，すすんで休日出勤を受けていて，スピード出世して，玉の輿に乗る。明日一人で街をぶらぶらしていたら，すごくタイプでしかも大富豪の男性に一目惚れをしたと言われ，彼と別れてつきあい，そのまま結婚して一生裕福な生活を送る。

⑦現実には，どんなことになりそうですか？

悲しい気分のままとりあえずベッドに入って寝る。翌日も悲しい気分が残っている。
2年後もつきあいつづけている。彼は相変わらずドタキャンをするが，「またか」と思ってあまり落ち込まなくなる。

⑧以前，似たような体験をしたとき，どんな対処をしましたか？

気持ちを切り替えるためにお風呂に入る。
気を取り直して友達に連絡をして，デートの代わりの予定を立てる。
疲れているからちょうどいいと考えて，家でだらだらして過ごす。

⑨他の人なら，この状況に対してどんなことができそうですか？

Yさんだったら，他に良い人を探しに合コンへ行く。
メデューサだったら，怒って彼を石にする。
母親だったら，「あーよかった」と言って，自分の趣味を楽しむ。

⑩この状況に対して，どんなことができそうですか？

友達に電話をしてグチを聞いてもらう。もし予定が空いていたら，食事に誘ってみる。
次のデートプランを考える。
「次にドタキャンしたら別れてやる」と考える。
泣ける曲をかけて，思いっきり泣く。

⑪もし，これが友達や家族だったら，あなたは何と言ってあげたいですか？

彼もまだ下っ端だし，仕事とプライベートをうまく両立できないのかもしれない。でも，ドタキャンされたつらい気持ちをただ我慢しないで，彼に伝えてみてもいいんじゃない？

⑫自分自身に対して，どんなことを言ってあげたいですか？

せっかくの金曜日の夜と休日を台無しにするのはもったいない。とりあえず，お風呂に入って気持ちを切り替えてから，今日の夜と明日の予定をもう一度立ててみよう。

表1 ■ 自動思考を検討するためのシート

3 ── ブレインストーミングを通じてアイデアを出す意義とルールについて，わかりやすく説明する

　ブレインストーミングとはアイデア発想法のひとつで，CBTだけでなく，教育現場や企業での会議の場など，さまざまな場所で活用されています。

　固定観念にとらわれずにより多くのアイデアを出すために，ブレインストーミングには次の基本ルールが設けられています。

　　①そのアイデアが正しいか間違っているかという評価や判断は下さない
　　②自由奔放なアイデアを歓迎する
　　③質よりも量を重視する
　　④アイデアを出すことに専念し，それが妥当であるかどうかという判断はアイデアをすべて出し終わった後に行なう

　認知再構成法でも，この基本ルールにしたがってブレインストーミングを行ないます。質問集に答える際には，現実的にはありえないような突飛なアイデアも含めて，思いついたものは何でも挙げてもらいます。

4 ── 参加者に楽しく自由な気持ちでブレインストーミングをしてもらい，質問集になじんでもらう

　ブレインストーミングでは，既成概念にとらわれずに，自由奔放になるべく多くのアイデアを出していきます。そのためにも，気楽な雰囲気で取り組んでもらうことが大切です。トレーナーは，参加者の出したアイデアの良し悪しを評価せず，どのようなアイデアにも関心を示し，あえて突飛なアイデアを出して手本を示します。

　また，グループセッションでは，他の参加者からもアイデアを出してもらいます。アイデアを出す手本になるように，トレーナーは日頃からブレインストーミングの練習をしておくことが大切です。

◉ スキルのまとめ

- ◆第7回では，認知再構成法の手続き③「選択した自動思考について検討する」で参加者がさまざまな角度から柔軟に検討できるように質問を重ねていきます。
- ◆認知再構成法の手続き④「新たな思考を案出する」ための素材を，ブレインストーミングしながら作ることを説明します。
- ◆認知再構成法の手続き③では，トレーナーは，質問集の各質問の意図を理解したうえで，ブレインストーミングによって参加者にアイデアを出してもらうことが大切です。

2 理論と技法の解説

1──認知再構成法の質問集について

　ここでは，質問集の各質問に関係する理論的背景について概説します。

①自動思考がその通りであることの事実や根拠（理由）は何でしょうか？
②自動思考がその通りではないとしたら，その事実や根拠（理由）は何でしょうか？

　①②は自動思考の内容の妥当性を問う質問であり，アーロン・ベックが認知再構成法を考案したときから用いられています。自動思考の根拠となる事実，あるいは反証となる事実を慎重に検討することは「最も一般的な認知再構成法」だと言われています（Moorey, 1990）。

③自動思考を信じるメリットは何でしょうか？
④自動思考を信じるデメリットは何でしょうか？

　③④は，ジュディス・ベックが認知のもつ「機能」や「有用性」に着目して考案した，脱中心化の視点にもとづく質問です。自動思考を信じるデメリットだけでなく，あえてメリットも検討することによって自己探索を深めます。

⑤最悪どんなことになる可能性がありますか？
⑥奇跡が起こったらどんなすばらしいことになりますか？
⑦現実には，どんなことになりそうですか？

　人は強いストレスを受けると，限られた見方しかできなくなる傾向があります。⑤⑥であえて「最悪」「奇跡」という両極端の場面を想定して考えることを通して，参加者の認知の空間的・時間的な幅を広げたうえで，⑦のアイデアを挙げていきます。また，⑤は，あえて恐れている状況に認知的にエクスポージャー（曝露）するために用いられることもあります。

⑧以前，似たような体験をしたとき，どんな対処をしましたか？
⑨他の人なら，この状況に対してどんなことができそうですか？
⑩この状況に対して，どんなことができそうですか？

　これらの質問に関係する技法として「代替解決法」があります。代替解決法はアーロン・ベックが考案した認知的技法のひとつです。解釈や解決法のような代替解釈を積極的に探ることで，解決不可能な問題に対する別のアプローチを得ることを狙いとしています。ベック（Beck, et al., 1979）は次のように述べています。

　　　うつ病患者は可能な選択は全部探ったと本気で信じているが，だいたいは問題が解決不可能だという先入観をもっているために自動的にいくつもの選択肢を排除し，他の選択肢の探索もやめているようである。しかし，過去には上手くできなかったとしても，現在はどうかわからない。また，検討していく中で過去に上手くいった対処を思い出せることもある。

　これは，うつ病患者のみならず，ストレス反応を呈している多くの人に見られる傾向です。これには，ラザルス（1990）のストレス・コーピング理論も関係します。さまざまなコーピングを幅広く身につけ，使用できるコーピングのレパートリーを増やすことは，ストレス対処力を高めることにつながります。また，⑨はバンデューラ（1979）の社会的学習理論（モデリングによる学習）にも関係します。他者の対処を参考にして自分のコーピングレパートリーを増やす方法です。

⑪もし，これが友達や家族だったら，あなたは何と言ってあげたいですか？
⑫自分自身に対して，どんなことを言ってあげたいですか？

　⑪はジュディス・ベックがゲシュタルト療法から着想を得た質問で，「フレンド・クエスチョン」と呼ばれます。伊藤（2006）は，他者にかける言葉と自分にかける言葉の違いを見出し，⑫を考案しました。なお，この質問にはスキーマ療法のモード・ワークも関連しています（ヤング，2008）。

3 トラブルシューティング

1── 前回のホームワークのトラブルシューティング

> 認知再構成法で検討する自動思考を選ぶ際に，参加者が選んだ自動思考が，トレーナーから見て不適切だと思われる場合，どのように対応したらよいでしょう？

　まず，参加者がなぜその自動思考を選んだかを尋ねてください。理由を聞くと納得できる場合もあります。この場合は，参加者が選んだ自動思考を用いて認知再構成法を続けます。

　理由を確認して，やはり不適切だとトレーナーが判断した場合は，参加者と一緒にトレーニングブック（p.103）に載っている「自動思考を選択する際の4つの基準（①強く信じているもの（自動思考の強さのパーセントが高いもの），②非機能的な「気分・感情」「身体反応」「行動」に結びつくもの，③頻繁に出てくるもの，④自分でも妥当ではないとわかっていても，どうしても思い浮かんでしまうもの）」を見て，参加者が選んだ自動思考が基準に合っているかどうか検討します。

　このとき，参加者が自問自答しながら主体的に選ぶことができるように，トレーナーはサポートします。そのためにも，「自動思考を選択する際の4つの基準を参照して，検討する自動思考を選択する」というルールを参加者が十分理解することが大切です。

2── 今回のワークのトラブルシューティング

> 「自動思考を検討するためのシート」にアイデアを書き込む際に，「自動思考を信じるメリットは何もない」と答えたり，なかなかアイデアを思いつくことができなかったりする参加者には，どのように対応したらよいでしょう？

①質問集の意義について再度心理教育を行なう

　質問集に答える作業がブレインストーミングだということを忘れてしまっていると，アイデアをなかなか思いつかないかもしれません。もう一度，「この作業はブレ

インストーミングですから，100％正しいと思えるアイデアじゃなくてもいいですよ」「突飛なものでもいいので，アイデアをたくさん挙げることが大切ですよ」と伝えてください。

②トレーナーのアイデアを伝える

「突飛なものでもいいのでアイデアを出す」という作業を難しく感じる参加者は少なくありません。そのため，トレーナーがアイデアを伝えることがとても大切です。参加者が受け入れ難い場合でも，「思いついた」ことをとりあえず書き入れてもらい，取り組み方のモデルを示します。手本となれるように，トレーナーは日頃からブレインストーミングの練習をしておくことが重要です。

③他の人のアイデアを取り入れる

グループセッションでは，他の参加者からアイデアを出してもらい，それを書き込んでもらってもよいでしょう。個人セッションでは，このプログラムの先輩参加者のアイデアをトレーナーが伝えたり，ホームワークとして持ち帰ってもらい，家族や友人にアイデアを尋ねてもらう方法もあります。

④とりあえず空欄にしておく

質問集に答える作業では，なるべくたくさんのアイデアを挙げることが大切だとされていますが，時間をかけすぎて参加者が苦痛を感じないように注意してください。また，グループセッションでは時間が限られていることも多いでしょう。記入できない質問はとりあえず空欄にしておいて，他の質問に対するアイデアを考えた後で，もう一度戻って考えてもかまいません。

参考文献

アルバート・バンデューラ［原野広太郎＝訳］（1979）社会的学習理論——人間理解と教育の基礎．金子書房．

Beck, A.T., Rush, A.J., Shaw, B.F. and Emery, G.（1979）Cognitive Therapy of Depression. New York : Guilford Press.（坂野雄二＝監訳（1992）うつ病の認知療法．岩崎学術出版社）

リチャード・S・ラザルス［林峻一郎＝訳］）（1990）ストレスとコーピング——ラザルス理論への招待．星和書店．

Moorey, S.（1990）Cognitive therapy. In : W. Dryden (Ed) Individual Therapy : A Handbook. Milton Keynes : Open University Press.

マイケル・ニーナン＋ウィンディ・ドライデン［石垣琢麿・丹野義彦＝監訳］（2010）認知行動療法100のポイント．金剛出版．

アレクサンダー・F・オズボーン［上野一郎＝訳］（1982）独創力を伸ばせ．ダイヤモンド社．

ジェフリー・E・ヤングほか［伊藤絵美＝監訳］（2008）スキーマ療法——パーソナリティの問題に対する統合的認知行動療法アプローチ．金剛出版．

伊藤絵美（2006）認知療法・認知行動療法面接の実際．星和書店．

第8回

幅広いものの捉え方を検討しよう3

第8回のアジェンダ

1. **第8回に必要なトレーナーのスキル**
   ✚ 新たな思考を案出し，その強さを評定する方法について説明する
   ✚ 「新たな思考を案出した効果」を検証する方法について説明する
   ✚ 認知再構成法の練習を続けることに対する参加者のモチベーションを高める
   ◆ スキルのまとめ

2. **理論と技法の解説**
   ✚ 認知再構成法の自動化について

3. **トラブルシューティング**

参考文献

1 第8回に必要なトレーナーのスキル

1──ブレインストーミングで出てきたアイデアを素材に新たな思考を案出し，その強さを評定する方法をわかりやすく説明する

　新たな思考を案出する際には，まず，今回対象としている自動思考が思い浮かんだ場面にタイムマシンで戻ったと仮定して，その場面やストレス反応をありありとイメージしてもらいます。次に，元の自動思考が思い浮かんだ瞬間に，どのように考え直したり，どのような考えを付け加えたらストレス反応が軽減するかという視点で，認知再構成法の手続き③「選択した自動思考について検討する」で提出した素材をながめてもらいます。そして，一つひとつの素材について，ストレス反応の軽減に役立ちそうか判定し，軽減しない場合はどのように考え直してみるとよいか，ていねいに検討を行なってまとめていきます。

　このようにして新たな思考を案出し終わったら，最後に，元の自動思考を信じる度合いの強さを評定したときと同様に，新しい自動思考を信じる度合いの強さを，それぞれ0〜100％で評定してもらいます。

　次に，ブレインストーミングで出した素材を用いて，新しい自動思考を案出する際のやりとりの例を示します。例では一部の素材を取り上げていますが，実際には，すべての素材について検討し，新たな思考を案出します。

例　個人セッション

トレーナー　では，新たな思考をつくっていきましょう。これから私が言うことを頭のなかでイメージしてください。あなたはこれからタイムマシンに乗ります。そして，「4月10日金曜日21時頃，自宅で録画したドラマを楽しく観ているときに彼氏から電話があり，『仕事が入ったから，明日のデートをキャンセルしてほしい』と言われた場面にタイムスリップしました。『彼は私よりも仕事が大切なんだ』という自動思考が浮かび，『落ち込み』『悲しい』という気分が強く出てきて，『わかった』と言って電話を切ったものの，何も手につかなくなり，ドラマの続きが観られません。涙も出てきました」……イメージできましたか？

Sさん　はい，できました。

トレーナー　では，これからブレインストーミングで出したアイデアを1つずつながめていきましょう。まず，「自動思考を検討するためのシート」（表1）の①②を見てください。このなかで，自動思考とは異なる別の新しい思考を作るために役立ちそうなアイデアはどれですか？

Sさん　そうですね……①のアイデアだけを見ると，気持ちが重くなりますね。②の「彼に私より仕事が大切だと言われたことはない」と「電話で担当しているプロジェクトが今踏ん張り時だと言っていた」は，少し楽な気持ちになります。

トレーナー　わかりました。では，①②のアイデアをまとめてみましょう。

Sさん　そうですね……「たしかにデートのドタキャンは3回目だけれど，実際に私より仕事のほうが大切だと言われたことはないし，今は担当しているプロジェクトが踏ん張り時で忙しい時期だと言っていたし，私を大切に思っていないわけではない」ですかね。

トレーナー　今作った考えは，どれくらいその通りだと思えますか？

Sさん　80％ぐらいでしょうか。

トレーナー　わかりました。

（＊③④についての対話は省略）

トレーナー　では，今度は，⑤⑥⑦のアイデアを1つずつながめてみましょう。それぞれのアイデアについてどう思いますか？

Sさん　そうですね……⑤のアイデアは，ここまで最悪の事態になることはさすがにないだろうなと感じます。結局ドタキャンされるのが続く程度なんだろうなと思います。⑥のアイデアについては，彼の休日出勤が実は結婚資金を貯めるためだったとしたら，うれしい気持ちもありますが，やっぱりどんな理由があったとしてもドタキャンされるのは嫌ですね。それから，彼と別れたとしたら，またほかに素敵な人と出会うこともあるんだなとも思います。⑦のアイデアを見ると，ドタキャン以上のひどいことは起きないだろうと感じます。でも，私がドタキャンされるのをつらいと思うなら，我慢しつづけるのはよくないですよね。

トレーナー　なるほど。では，これらを使って自動思考とは異なる別の新しい思考を作ってみましょう。

Sさん　「彼は私が傷つくことをわざとする人ではないけれど，たとえどんな理由があったとしても，デートをドタキャンされることは私にとってはつらいことだ。このまま我慢しつづけるのはよくない」ですかね。

トレーナー　わかりました。今作った考えは，どれくらいその通りだと思えますか？

Sさん　70％ぐらいでしょうか。

トレーナー　わかりました。

（＊⑧〜⑫についての対話は省略）

 ここでは，質問集の①②および⑤⑥⑦のアイデアを取り上げて，新たな思考を案出する例を示しました。実際には，すべての質問について同じ流れで取り扱い，新たな思考を案出します。新たな思考は直接「新たな思考を案出するためのシート」（表2／本書p.147および巻末付録）に書き出してもよいですし、いったん白紙に書き出し、最後にシートにまとめて書き出してもかまいません。

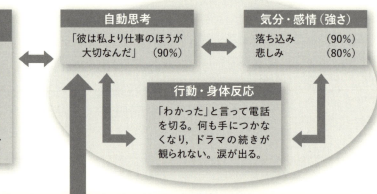

自動思考を検討する

①自動思考がその通りであることの事実や根拠（理由）は何でしょうか？

デートの約束が先だったのに，それをキャンセルして仕事に行くことを選んだ。
今までにも2回同じことがあった。

②自動思考がその通りではないとしたら，その事実や根拠（理由）は何でしょうか？

彼に私より仕事のほうが大切と言われたことはない。
誕生日にレストランを予約してくれたり，プレゼントをくれたことがある。
電話で担当しているプロジェクトが今踏ん張り時であると言っていた。

③自動思考を信じるメリットは何でしょうか？

たとえ振られたとしても，「やっぱりな」と思って，そこまで傷つかないですむ。
「わかった」と引き下がれば，彼とケンカにならないですむ。

④自動思考を信じるデメリットは何でしょうか？

自分に彼女としての価値がないように感じてつらい。
せっかく楽しんでいたドラマが楽しめなくなる。

⑤最悪，どんなことになる可能性がありますか？

本当は仕事というのは嘘で，私に会わないための言い訳であり，実は彼が浮気をしていることを知る。浮気相手の家に乗り込んで，ナイフで刺して，逮捕されて，刑務所で一生を終える。

⑥奇跡が起こったらどんなすばらしいことになりますか？

実は彼は結婚資金を貯めるために，すすんで休日出勤を受けていて，スピード出世し，玉の輿に乗る。明日一人で街をぶらぶらしていたら，すごくタイプでしかも大富豪の男性に一目惚れをしたと言われ，彼氏と別れてつきあい，そのまま結婚して一生裕福な生活を送る。

⑦現実には，どんなことになりそうですか？

悲しい気分のままとりあえずベッドに入って寝る。翌日も悲しい気分が残っている。
2年後もつきあいつづけている。彼は相変わらずドタキャンをするが，「またか」と思ってあまり落ち込まなくなる。

⑧以前，似たような体験をしたとき，どんな対処をしましたか？

気持ちを切り替えるためにお風呂に入る。
気を取り直して友達に連絡をして，デートの代わりの予定を立てる。
疲れているからちょうどいいと考えて，家でだらだらして過ごす。

⑨他の人なら，この状況に対してどんなことができそうですか？

Yさんだったら，他に良い人を探しに合コンへ行く。
メデューサだったら，怒って彼を石にする。
母親だったら，「あーよかった」と言って，自分の趣味を楽しむ。

⑩この状況に対して，どんなことができそうですか？

友達に電話をしてグチを聞いてもらう。もし予定が空いていたら，食事に誘ってみる。
次のデートプランを考える。
「次にドタキャンしたら別れてやる」と考える。
泣ける曲をかけて，思いっきり泣く。

⑪もし，これが友達や家族だったら，あなたは何と言ってあげたいですか？

彼もまだ下っ端だし，仕事とプライベートをうまく両立できないのかもしれない。でも，ドタキャンされたつらい気持ちをただ我慢しないで，彼に伝えてみてもいいんじゃない？

⑫自分自身に対して，どんなことを言ってあげたいですか？

せっかくの金曜日の夜と休日を台無しにするのはもったいない。とりあえず，お風呂に入って気持ちを切り替えてから，今日の夜と明日の予定をもう一度立ててみよう。

表1 ■ 自動思考を検討するためのシート

2 ──「新たな思考を案出した効果」を検証する方法について，わかりやすく説明する

　認知再構成法の最後の手続きは，新たな思考を案出した効果を検証することです。効果の検証も，新たな思考を案出する際と同じように，今回対象としている自動思考が思い浮かんだ場面にタイムマシンで戻ったと仮定して行ないます。まず，今回検討している場面と元の自動思考を頭のなかでありありと想起してもらい，続けて，今回考えた新たな思考を1つずつ頭のなかでイメージしてもらいます。その結果，元の自動思考を信じる度合いの強さや，元の気分・感情にどのような変化があったかを評定してもらいます。

　このとき，元の気分・感情の強さが変化するだけでなく，新しい気分・感情が出てくる場合があることも伝えておきましょう。

例　個人セッション

トレーナー　では，新しい考えを出した効果を検証してみましょう。もう一度，私が言うことを頭のなかでイメージしてください。またタイムマシンに乗ります。4月10日金曜日21時頃，家で録画したドラマを楽しく観ているときに彼氏から電話があり，「仕事が入ったから，明日のデートをキャンセルしてほしい」と言われた場面に戻ります。「彼は私よりも仕事が大切なんだ」という自動思考が浮かび，「落ち込み」「悲しい」という気分が強く出てきて，「わかった」と言って電話を切ったものの，何も手につかなくなり，ドラマの続きが観られなくなりました。涙が出てきます。イメージできますか？

Sさん　はい，できます。

トレーナー　では，「彼は私よりも仕事が大切なんだ」という自動思考が浮かんだ瞬間に，その自動思考に気がついて，ワークシートで考えた新たな思考を頭のなかでイメージしてみることにします。では，まず1つ目の「たしかにデートのドタキャンは3回目だけれど，実際に私より仕事のほうが大切と言われたことはないし，今は担当しているプロジェクトが踏ん張り時で忙しい時期だと言っていたし，私を大切に思っていないわけではない」をイメージしてください。

Sさん　わかりました。

（＊すべての「新たな思考」について同様の手続きを行なう）

トレーナー　ではもう一度，「彼は私よりも仕事が大切なんだ」という自動思考を見てください。今は，元の自動思考の強さはどれくらいですか？

Sさん　そうですね。今は40％くらいです。

トレーナー　では，「落ち込み」「悲しみ」はいかがですか？

Sさん 「落ち込み」は30%くらいですね。「悲しい」はまだ少し強く感じますが，50%くらいでしょうか。

トレーナー わかりました。ほかにどんな気分が出てきていますか？

Sさん 「落ち着き」も感じます。50%くらいでしょうか。

トレーナー わかりました。

ストレスを感じる状況・出来事	自動思考	気分・感情（強さ）
4月10日金曜日21時頃 家で録画したドラマを楽しく見ているときに彼から電話があり，「仕事が入ったから，明日のデートをキャンセルしてほしい」と言われた。	「彼は私より仕事のほうが大切なんだ」（90%）	落ち込み　（90%） 悲しみ　　（80%）

行動・身体反応
「わかった」と言って電話を切る。何も手につかなくなり，ドラマの続きが観られない。涙が出る。

自動思考を検討するための質問集

→

新たな思考（強さ）①
たしかにデートのドタキャンは3回目だけれど，実際に私より仕事のほうが大切と言われたことはないし，今は担当しているプロジェクトが踏ん張り時で忙しい時期だと言っていたし，私を大切に思っていないわけではない。
（80%）

新たな思考（強さ）②
この自動思考を信じつづけるのはつらいし，せっかくのドラマも楽しめなくなってしまう。とりあえずお風呂に入って，気持ちを切り替えて，今日の夜と明日の予定をもう一度立ててみよう。一日家でだらだらしてもいいし，友だちを誘って遊びに出かけるのもいい。（70%）

新たな思考（強さ）③
ドタキャンをされて落ち込んでいることを伝えてみたら，わかってくれて，改善しようとしてくれるかもしれない。とりあえず自分の気持ちを伝えてみよう。伝えてみたら，たぶんわかってくれる人だし，改善しようと努力してくれるかもしれない。（70%）

元の自動思考の強さ　➡　40%
現在の気分・感情　➡
　　　　　　　落ち込み　30%
　　　　　　　悲しい　　50%
　　　　　　　落ち着き　50%

● 認知再構成法を行なってみた感想
　ここまで落ち込む必要はないと思った。

表2 ■ 新たな思考を案出するためのシート

解説 ここで案出した「新たな思考」は，第8回の冒頭（pp.141-143）で案出した新たな思考をさらにまとめたものです。なお，1つ目の新たな思考は，質問集の①②を，2つ目の新たな思考は⑧⑩⑫を，3つ目の新たな思考は⑤⑥⑦⑪をまとめたものです。ここでは，新たな思考を書き込む欄の数に合わせて3つにまとめていますが，実際には，欄の数にこだわらず，白紙などを用いて新たな思考はすべて書き出すように参加者に伝えます。

3──強く信じられるような新たな思考を参加者が主体的に案出し，外在化するよう手助けする

　新たな思考を案出する際のポイントの1つ目は，新たな思考が参加者にとって「それなりに」強く信じられるものであればよいということです。過度にポジティブな思考や，100％その通りだと思う思考を作る必要はないということをきちんと説明します。2つ目のポイントは，参加者が「主体的に」案出するということです。第三者にアドバイスされた言葉ではなく，手間ひまをかけて苦労して考え出した思考であるからこそ，納得できたり，大切に思えたりするものです。トレーナーは，参加者が新たな思考を主体的に案出できるようにサポートします。

4──新たな思考を案出した効果を検証することを手助けし，どのような結果でも温かく共有し，一連の作業を終えたことをねぎらう

　元の自動思考の強さもネガティブな気分も減少した人，元の自動思考の強さは変わらないがネガティブな気分が減少した人，気分は変わらないが新たな気分が加わった人，というように認知再構成法の検証結果はさまざまです。しかし，はじめて認知再構成法に取り組んだ参加者のなかには，元の自動思考の強さやネガティブな気分が著しく減少することを期待する人や，ネガティブなストレス反応がなくならなければいけないと考える人もいます。また，トレーナーへのリップサービスとして実際よりも効果が高かったと言う参加者もいます。

　そのため，トレーナーは参加者がどのような結果でもありのままに検証できるように工夫したり，手助けしたりすることが必要です。検証する前に，検証結果はさまざまであり，ありのままに検証することが大切であること，高い効果を生みだすのが目的ではなく，検証する過程が大切であることを説明します。

　参加者の検証結果を聞く際にも，トレーナーが結果に一喜一憂せず，認知再構成法の手続きを一通り終えたこと，効果を率直に検証できたことを十分にねぎらい，結果の受け止め方を示します。

5 ── 認知再構成法を繰り返し練習することの意義や効果をわかりやすく説明し,今後練習を続けるためのモチベーションを高める

　認知再構成法は一朝一夕で身につくものではなく,きちんと習得するまで繰り返し練習しなければなりません。そのため,参加者が今後も認知再構成法を練習しつづけられるようにモチベーションを高めることが大切です。「楽器の演奏」「料理」「車の運転」などを例に挙げたり,参加者が今までに習得したスキルを尋ねたりしながら,一度習得すれば一生使えるコーピングになることや,繰り返し練習することで認知の柔軟性が高まり,ストレスに対処する力が高まることを,わかりやすく説明します。

例　個人セッション／グループセッション

トレーナー　認知再構成法は習得するまでに練習が必要なスキルですが,一度身につければ一生使いつづけることのできるスキルでもあります。今までに何か練習して習得したスキルはありますか？

Tさん　最近だと,車の免許ですね。

トレーナー　免許を取得してからどれくらい経ちましたか？

Tさん　3年くらいです。

トレーナー　教習所ではじめて車を運転したときのことを思い出してみてください。いかがでしたか？

Tさん　覚えなければいけない操作がたくさんあって大変でした。一度に全部は覚えられなかったので,教官の指示を聞きながら運転していました。

トレーナー　操作を一通り覚えるまでが特に大変ですよね。免許を取って,はじめて車を運転したときはいかがでしたか？

Tさん　そうですね……一通りの操作は覚えていましたが,思うように体が動かないというか。よく声に出しながら一つひとつの操作をしていました。音楽を聴く余裕もなかったですね。

トレーナー　なるほど。手続きを覚えたからといって,すぐにスムーズに体が動くわけではないですよね。その頃とくらべて,今はどうですか？

Tさん　今は特に意識しなくても勝手に体が動いてさらっと運転できますね。音楽を聴いたり,友だちとおしゃべりしたりしながらでも大丈夫です。

トレーナー　慣れてくると頭で考えなくても,体が自然に動くようになってきますよね。今,お話しいただいたように,新しいスキルを習得するときは,誰でもはじめは不慣れなものです。ですが,練習を重ねると徐々に上達して,短時間でスムーズに行なえるようになっていくものです。同じように,認知再構成法もはじめは一つひとつの手続きを行なう際に時間がかかって面倒だったり,難しく感じたりすることもありますが,繰り返すうちに徐々に短時間でスムーズに行なえるようになっていきます。私もそうですが,今までにこのプログラムを

受けた参加者の方も,練習を繰り返すなかで,一つひとつの手続きを意識しなくてもスムーズに行なえるようになっていきました。また,認知再構成法を繰り返し行なうことで,物事の受け止め方が柔軟になり,ストレスに対処する力が高まるという効果もあります。ストレス場面に出会ったら,認知再構成法を練習するチャンスだと思って,ぜひこれからも繰り返し取り組んでください。

◉ スキルのまとめ

- ◆ 第8回では,認知再構成法によって案出された新たな思考をまとめます。
- ◆ 認知再構成法の手続き④「新たな思考を案出する」では,新たな思考が参加者にとって「それなりに」強く信じられるものであればよいこと,新たな思考を参加者が「主体的に」案出することに留意します。
- ◆ 認知再構成法の手続き⑤「新たな思考を案出した効果を検証する」では,参加者がそれをありのままに検証できるようにトレーナーは工夫することが大切です。
- ◆ 参加者が引き続き認知再構成法の練習に取り組めるように,繰り返し行なうことの効果を伝え,モチベーションを高めます。

2 理論と技法の解説

1── 認知再構成法の自動化について

　認知再構成法の狙いは，ある特定の場面でのストレス反応の軽減を目指すことだけではありません。認知再構成法の手続きそのものや適応的な思考が内在化されるまで繰り返し使いつづけ，ストレス体験に対する対処能力を高めることが最終的な目的です。この内在化の過程は，認知心理学の情報処理モデル（本書pp.80-82参照）で説明することができます。

　Stillings et al.（1987）は，意識的な注意を要するきわめて限定された制御処理が，学習経験によって自動化され，作業記憶の制限をほとんど受けない自動処理優位への段階へと移行する過程について検討しています。彼らは，複雑な認知的・行動的技能の習得には，自動処理と制御処理の両方の適切な組み合わせが必要だと主張しています。

　これを認知再構成法の習得までの流れに置き換えて考えてみましょう。まず，認知再構成法の手続きでは，ストレス場面における自動思考を同定します。自動思考とは，本人が意識していないもの，すなわち自動処理で生じている思考やイメージのことです。それが非機能的な場合，認知再構成法の手続きに沿って制御処理で扱い，適応的な思考（「新たな思考」）を案出します。そして，その後も制御処理によって，適応的な思考を認知的コーピングとして使いつづけ，認知再構成法自体も繰り返します。すると，やがて認知再構成法の対象となる自動思考にすぐに気がつき，質問集の質問が自然に頭に浮かび，適応的な思考が案出されるようになります。また，認知再構成法のツールが画像として浮かび，頭のなかで作業できるようになり，自動思考として適応的な思考が浮かぶことも増えていきます。

　このように自動処理優位の段階へと移行すると，認知再構成法を行なう際の情報処理の負荷が下がり，一連の手続きに要する時間も短縮されるため，ストレス体験の対処法としてより使いやすくなります。

3 トラブルシューティング

1──前回のホームワークのトラブルシューティング

> 「自動思考を検討するためのシート」にアイデアを書き込む際に,自分が考えたアイデアについて「こんなことを考えてしまうなんて,自分は非常識な人間だ」「本当にこんなひどいことをやってしまったらどうしよう」と罪悪感や不安感を訴える参加者には,どのように対応したらよいでしょう?

　質問集に答える作業はブレインストーミングですから,どのようなアイデアを挙げてもかまいません。一見非常識に見えるようなアイデアが浮かぶことは,ブレインストーミングがきちんとできているということであり,むしろ良い傾向であると言えます。このワークではさまざまなアイデアを出して思考の幅を広げることが目的であることを再確認し,ブレインストーミングで出てきたアイデアについても,マインドフルにながめてみるよう促します。

　また,「ムカつく店員だな。一発殴ってやりたい」「午後の会議をサボって旅行に行きたいな」と考えても実際には行動しない,ということを多くの人が日常的に経験しています。考えることと実際に行動することは別であり,何を考えても自由であることを伝えます。

2──今回のワークのトラブルシューティング

> 新たな思考を案出した効果を検証する際に,「認知再構成法を終えてみて,気分は改善したが,元の自動思考の確信度が変わらなかったので意味がなかった」と言う参加者には,どのように対応したらよいでしょう?

　このワークで一番大切なことは,「認知再構成法の手続きを最後まで一通り行なった」ということです。結果はどうであれ,認知再構成法の手続きの練習に意義があったことを改めて伝えます。

　また,元の自動思考の変化だけに注目するのではなく,総合的にどのような変化が

あったかという視点で捉えることも大切です。たとえば，この例の参加者は「元の自動思考の確信度は変わらなかった」と報告していますが，「気分は改善した」とも報告しています。参加者に対しては，自動思考をさまざまな角度から検討して新たな思考を案出する作業を行なうことで，気分に変化が生じたということを確認します。

自動思考の確信度だけが変わらない場合は，自動思考がスキーマに関係していることが少なくありません。スキーマは自動思考にくらべ，深いレベルにある認知で，それに対する確信度が変わりづらいものです（スキーマについてはトレーニングブックpp.33-34および本書第4回参照）。この場合は，検討した自動思考がスキーマに関わっている可能性を参加者と共有したうえで，認知再構成法で気分が変化したことを十分に評価し，認知再構成法のプロセスや結果をマインドフルに受け止めるよう促します。そして，スキーマに関わる自動思考であっても，認知再構成法で繰り返し根気強く扱うことで，徐々に変化することも伝えます。

CBTのなかにはスキーマに焦点をあてて行なうものもあります。これについては，巻末の「さらに学びたい人のために」を参照してください。

参考文献

Stillings, N.A., Feinstein, M.H., Garfield, J.L., Rissland, E.L., Roseembaum, D.A., Weisher, S.E. and Baker-Ward, L.（1987）Cognitive Science : An Introduction. Massachusetts Institute of Technology.（海保博之・牧野義隆・吉川 茂・川崎恵理子・坂口恭久＝訳（1991）認知科学通論．新曜社）

第9回

問題解決に取り組もう 1

第9回のアジェンダ

1 第9回に必要なトレーナーのスキル

- ✚ 参加者の視点を認知から行動に切り替える
- ✚ 問題解決法は行動を変えるための技法のひとつであることを参加者に理解してもらう
- ✚ 問題解決法の手続きの概要を参加者に理解してもらう
- ✚ 問題解決法に対する参加者のモチベーションを高める
- ✚ 問題解決法の手続き①「問題状況の把握」について，事例を通じて具体的に理解してもらう
- ✚ 問題解決法の手続き②「問題解決のための認知を整える」について，事例を通じて具体的に理解してもらう
- ✚ 問題解決法の手続き①で選んだ問題状況に対して，問題解決に適切な認知をあてはめ，体験的に理解してもらう
- ◆ スキルのまとめ

2 理論と技法の解説

- ✚ 問題解決法について
- ✚ 問題解決法における認知について

3 トラブルシューティング

参考文献

1 第9回に必要なトレーナーのスキル

1――参加者の視点を認知から行動に切り替える

　プログラムの第9〜11回では，問題解決法（Problem Solving Therapy：PST）の技法を参加者に段階的に習得してもらいます。問題解決法は，問題解決のための認知を検討しながら，行動的変化を目指す技法です。トレーニングブックでは「行動を変容する技法」として紹介しています。トレーナーは「これからは認知ではなく行動を中心とする技法を行ないます」とはっきり伝えてください。

例　個人セッション／グループセッション

トレーナー　（CBTの基本モデルを示しながら）これまで，「認知」の部分を工夫することで，ストレス反応を和らげる方法を練習してきました。今回からは「行動」を工夫することでストレスから抜け出す練習をしていきます（CBTの基本モデルの「行動」の部分を示しながら伝える）。

解説　トレーナーはCBTの基本モデルをトレーニングブックやホワイトボードで示しながら，視覚的情報も交えて，今回からは「行動」部分に焦点をあてることを参加者に示してください。

2――問題解決法は行動を変えるための技法のひとつであることを参加者に理解してもらう

　CBTで使われる行動を変える技法にはさまざまなものがありますが（詳しくは本書p.165参照），代表的な技法が問題解決法です。問題解決法はさまざまな問題に適用することができますが，特に行動変容に有効だということを参加者にまず伝えてください。

3——問題解決法の手続きの概要を参加者に理解してもらう

　問題解決法の手続きは細かく分かれているため，最初から詳しく説明してしまうと，参加者が理解できなくなる恐れがあります。まず，トレーニングブックpp.142〜143にある「問題解決法の手続きの流れ」の概要を示しましょう。トレーニングブックでは，問題解決の計画を立てるまでに第9〜11回までの3回分を使ってます。前半は「問題を理解する段階」，後半はその問題を「解決するための計画を立てる段階」です。このポイントをわかりやすく説明しましょう。手続きの具体的な内容については，実践する段階で説明してください。

> **例** 個人セッション／グループセッション

　トレーナー　問題解決法は，認知再構成法のようにいくつかのステップに分かれていますが，おおまかには「問題を理解する段階」と「解決するための計画を立てる段階」があります。さらに，計画を立てたあとで，日常生活で「実行する段階」があります。細かい具体的な説明は，トレーニングブックに出てくるIさんの事例をもとに行ないます。それでは，順に説明していきましょう。

　問題解決の枠組みには，「問題の理解」「解決策の計画」「実行」という段階があることを示します。また，トレーニングブックに出てくるIさんの具体例を使って解説するということを事前に参加者に伝えておきます。

4——問題解決法に対する参加者のモチベーションを高める

　問題解決法は，具体的な困りごとに対して，行動を工夫することで解決を図る技法です。問題解決法を身につけると，ストレス対処として行動を工夫しやすくなり，ストレス全般に対する耐性が向上します。

　対人関係で緊張や不安の強い人が他者を避けつづけると，いつまでたっても対人関係での不安や緊張はなくなりません。しかし，もしその人が，他者とかかわる行動を思い切ってやってみたら，少しずつ対人緊張が下がり，楽しく人づきあいができるようになるかもしれません。

　ゲームや漫画を読んで，ついだらだらと過ごしてしまいがちな人は，「やりすぎ」行動を適当なところで切り上げる具体的な方法を考え，実行することによって，「やりすぎ」を減らし，本当にやりたいことに時間を割くことができるようになるかもしれません。

　このような身近な具体例も交えながら，問題解決法のメリットや意義を参加者に明確に伝えてください。

　認知再構成法で苦労した参加者には，認知再構成法でも問題解決法でも，どちらか

自分に合ったほうを使えばよいと伝えます。また，問題解決的な行動によって認知的な変化も起こりうると参加者に伝えてください。

5── 問題解決法の手続き①「問題状況を具体的に把握する」について，Ｉさんの例を通じて具体的に理解してもらう

　トレーニングブックp.144に登場するＩさんは，ライターとして自宅で原稿を書くことが多く，そのときのストレス体験の一部が紹介されています。Ｉさんの「問題状況」はかなり日常的で，具体的な状況が詳細に書かれています。トレーナーはＩさんの事例を参加者に紹介しながら，「問題解決法は，あくまでも『日常的な小さな問題』を扱います。Ｉさんのように日常的な困りごとを書き出しましょう」と参加者に伝えてください。

6── 問題解決法の手続き①では，大きなストレスではなく，日常的なストレス体験を挙げてもらう

　Ｉさんの事例を紹介したら，問題解決法で扱う問題状況を参加者に挙げてもらいます。ここでは，日常的な問題を取り上げてもらいましょう。CBTでは「大きな問題」ではなく「小さな問題」を大切に扱いますが，問題解決法でも同じことです。たとえば，「夫婦仲が悪い」「どう生きればいいかわからない」という大きくて抽象的な問題は，問題解決法としては扱いづらいと言えます。日常生活で変えることができそうな行動を取り上げること，問題状況には問題となる行動も含めること，新たに挙げられなければアセスメントで明らかとなった行動部分を扱ってもよいこと，を伝えてください。

例 グループセッション

トレーナー　それではこれから，問題解決法で扱ってみたい，ストレス体験となっている日常的な問題を挙げてもらいます。Ｕさん，Ｖさん，それぞれ考えてみてください。

Ｕさん　じゃあ，私は妻とちょっとしたことでよく喧嘩してしまうので，それを取り上げたいと思います。

トレーナー　なるほど。Ｖさんの扱ってみたい日常的な問題には，どのようなものがありますか？

Ｖさん　私には，今のところ扱ってみたい問題が思いつかないんです。

トレーナー　Ｖさんは，これまで「好意をもっている女性を避ける」というストレスを扱ってきましたが，今はそのようなことはないでしょうか？

Ｖさん　今は特に好意をもっている女性がいないので，ありません。

トレーナー　そうなんですね。では，今度，好きな女性ができたら積極的に行動できるように，これまでのアセスメントから問題状況を想像してみるのはどうでしょうか？

Vさん　それはもちろんいいんですけど，実際に今，好きな人がいなければ問題解決法を実行できないですよね？

トレーナー　たしかにそうですね。ただ，今は好きな人がいないけれど，過去に作成したアセスメントをもとに問題解決法の実行計画をつくってみて，次に好きな人ができたときのためにイメージしておくことはできます。また，現在，多少なりとも好意のある女性に対して問題解決法を試してみることもできます。

Vさん　では，次に好きな人ができたときに積極的になれるような計画を立ててみたいと思います。

トレーナー　Uさんは，奥さんとちょっとしたことで喧嘩になってしまうということですが，何が問題なのか教えてください。

Uさん　喧嘩が絶えないので，毎日イライラしてしまいます。

トレーナー　奥さんとしょっちゅう喧嘩してしまうので，毎日イライラするということが問題なのですね。喧嘩になるきっかけはどのようなものですか？

Uさん　妻が何度も同じことを言うんですよ。だから喧嘩になるんです。

トレーナー　奥さんが何度も同じことを言うんですね。奥さんが何度も同じことを言うというのは奥さんの行動ですが，Uさんは自分の行動のどの部分を問題状況だと考えますか？

Uさん　うーん，妻が同じことを何度も言うので，私がイライラしてきて「いい加減にしろよ，しつこいよ」とうんざりした調子で言うんです。そうすると，妻がムッとして「何よその言い方！」と言ってくるので，「だって本当のことじゃないか！」と私が怒りはじめて喧嘩になるんです。

トレーナー　なるほど。奥さんが同じことを何度か言ってくると，あなたがイライラして，うんざりした調子で「いい加減にしろよ，しつこいよ」と言うんですね。そうすると，奥さんがムッとして，「何よその言い方！」と言い，喧嘩に発展していくのですね。

Uさん　そうです……イライラしちゃうから，「しつこい」って言ってしまうんですよね。

トレーナー　イライラしはじめるとき，どのような自動思考がありますか？

Uさん　「あーまただ」「早くやめてくれ」ですかね。

トレーナー　では，このような問題状況でしょうか。奥さんが同じことを何度か言ってくると「あーまただ」「早くやめてくれ」と考え，イライラしてきて，うんざりした調子で「いい加減にしろよ，しつこいよ」と言ってしまう。その後，奥さんがムッとして喧嘩に発展する。

Uさん　まさにそうです。

トレーナー　では，これまでお話しいただいたことを書き出してみましょう。

（＊Vさんとも同様の会話をする）

ここまでのセッションのなかで聞きとったUさんとVさんの問題状況は，以下のように書き出すことができます。

Uさんの問題状況

> 妻が同じことを何度も言ってくると「あーまただ」「早くやめてくれ」と思って，イライラしてきて，うんざりした調子で「いい加減にしろよ，しつこいよ」と言ってしまう。その後，妻がムッとして喧嘩に発展する。

Vさんの問題状況

> 好意を感じている女性が参加する飲み会の席では，その女性の隣が空いていても，「緊張してうまく話せないかもしれない」「嫌われたらどうしよう」と思って，隣に座ることを避けてしまう。

解説 ここでは，トレーナーが，参加者の問題状況をなるべく詳細に聞き出したうえで，実際に書き出すことを勧めています。問題解決法でいう「問題状況」は，問題となる行動を含む状況です。これが，アセスメントや認知再構成法で扱った「状況」とは異なります。トレーナーは，「問題状況」のなかに問題解決法のターゲットとなる具体的な行動が含まれているかどうかを確認してください。現在は問題がないと言う参加者に対しては，将来起こるかもしれない事例を一緒に考えましょう。トレーナーは問題に関する情報を参加者から細かく引き出して書き出してもらいます。

7──問題解決法の手続き②「問題解決のための認知を整える」について，Iさんの例を通じて具体的に理解してもらう

トレーニングブックp.147の「問題解決のための認知」は，ストレスへの対処能力が高い人の問題解決における認知です。「認知を整える」とは，「問題解決しやすい思考を意図的にしてみる」という意味です。トレーナーは，「問題解決しやすい思考を意図的にしてみる」ことが，問題解決において欠かせないステップであることを参加者に示したうえで，「問題解決につながりやすい認知を手本にして，自分の認知を整えてから問題解決に臨みましょう」と伝えます。

トレーニングブックでは，Iさんの例が6つ載っていますので，それを参加者と一緒に読みましょう。読みながら，トレーナーは参加者の理解を確認します。さらに，「この認知はどう思いますか？」「この認知は好きですか？」と，参加者の反応を確認

しましょう。また，「1～6までのすべての認知を用いなくても，自分にとって使い勝手がよいものを選んで使ってもかまいません」と伝えてください。

8──問題解決法の手続き①で選んだ問題状況に対して，問題解決のための認知をあてはめ，体験的に理解してもらう

　問題解決法の手続き②で扱う「問題解決のための認知」は，ストレス耐性が高い人の認知の特徴を示していますが，ストレス耐性が高くない人でも理解することができるものです。これまではIさんの例を見てきましたが，今度は参加者自身の問題状況にあてはめて，体験的に理解してもらいます。ピンとこなければ，すべてに無理やりあてはめる必要はないと伝えてください。

例　グループセッション

トレーナー　さて，ここまでトレーニングブックp.147の「問題解決のための認知」を一つひとつ読んで，UさんもVさんも内容を理解されたことと思います。それでは，これらの認知をUさん，Vさんご自身の問題状況にあてはめて考えてみましょう。まず，「1. 生きていれば何らかの問題は生じるものだ。問題があること自体を受け入れよう」は，Uさんの問題状況にあてはめるといかがでしょうか？

Uさん　自分の問題状況にあてはめて考えてみると，まあ，夫婦喧嘩があるのは当然ですよね。

トレーナー　なるほど。では，Vさんはどうでしょう？

Vさん　そうですね，好きな人の前で緊張してしまったり，嫌われたくないって思うのは自然ですよね。

トレーナー　そうですね。では，次の「2. 原因を1つに決めつけず，さまざまな要因を見つけてみよう」という認知はどうでしょうか？

Uさん　私の場合は，妻が不注意に何度も同じことを言うと思ってイライラしてしまいますが，ほかの要因としては，私自身がイライラしやすい性格だということもありそうです。

トレーナー　なるほど。Vさんはどうでしょうか？

Vさん　私は女性が苦手だから緊張すると思っているので，特にほかの要因は見当たりません……

トレーナー　女性が苦手というのは，たしかにひとつの要因ですね。ほかはどうでしょう？　たとえば，Vさんが好きになる女性はおとなしい無口なタイプだとか？

Vさん　たしかに，私が好きな女性はおとなしいタイプで，おしゃべりではないです。でも，その女性を避けるのは自分自身なので，やっぱり自分が原因だという気がします。

トレーナー　なるほど。この問題に関して，あなた自身が原因だと思われているのですね。それはそれでそのままでよいでしょう。もしかしたらこの問題に対する問題解決法を進めていくうちに，別の原因が見つかるかもしれません。また，ほかの問題状況で「原因をひとつに決めつけず，さまざまな要因を見つけてみよう」という認知が役立つかもしれません。ですから，とりあえず，この認知もお手本として覚えておきましょう。

解説　トレーナーは参加者に，「問題解決のための認知」を参加者の問題状況に対して一つひとつあてはめてみるように促してください。参加者にとってピンとこない認知があった場合は，無理にあてはめないようにしましょう。現時点ではピンとこないということをトレーナーは受け入れます。また，そのことを参加者にも伝えます。ピンとこない認知であっても，次第に納得できたり，将来役に立ったりするかもしれないので，とりあえず覚えておくように勧めましょう。

9 ── 自分なりの「問題解決のための認知」を考え，自分の問題状況にあてはめてもらう

　問題解決法の手続き②の「問題解決のための認知」のほかに，参加者には自分なりの認知を考え出してもらいます。その人なりの座右の銘でも，認知再構成法で考え出した新しい考えでも，問題解決に役立てばどのようなものでもかまいません。
　UさんとVさんは，「問題解決のための認知」を次のように書き出しました。

Uさんの問題解決のための認知

「文句じゃなくて事実だけを伝えよう」
「喧嘩にならなければそんなにイライラしないですむ」

Vさんの問題解決のための認知

「ちょっと話しかけるくらいでは嫌われたりしないだろう」
「とにかく一歩だけ踏み出してみよう」

● スキルのまとめ

- ◆問題解決法は行動の変容を目指す技法であることを参加者に理解してもらいます。
- ◆問題解決法と手続きの概要を参加者に理解してもらいます。
- ◆問題解決法の手続きの一部である「問題状況の理解」「問題解決のための認知」

までを参加者に行なってもらいます。
◆ 問題解決法はCBTの代表的な技法のひとつです。
◆ 問題解決法は行動変容を目指しますが,その過程で認知的変容も必要になってきます。

2 理論と技法の解説

1──問題解決法について

　問題解決法とは，ストレス状況やストレス反応に積極的にはたらきかけ，よりよく対処するための一連の認知的・行動的スキルのことをいいます。もともとは行動療法の問題解決技法がその起源と言われています。それとは別に，ズリラとゴールドフリードによって「問題解決療法」という独立した治療法が提唱されました。現在では，これらはCBTの技法のひとつと考えられているため，ここでは「問題解決法」と呼びます。

　問題解決法は，CBTの技法のなかでも，認知再構成法と並んで用いられることの多い技法です。

2──問題解決法における認知について

　行動療法の問題解決技法は，行動のみに焦点をあてていました。その後，ズリラとゴールドフリードや，その影響を受けて問題解決療法を発展させたネズらによって，問題解決の過程には「問題をどう受け止めるか」という認知が重要だということが明らかになってきました。彼らは，問題解決の要となる認知を見つけ，それらの重要性を実証研究によって示しました。

　本書でも，問題解決法における認知の重要性を踏まえ，「問題解決における認知を整える」という項目に組み込んでいます。

3 トラブルシューティング

1──前回のホームワークのトラブルシューティング

> 認知再構成法を「ひとりでやってみたものの,難しくてできなかった」「第8回でトレーナーと一緒に取り組んだときと同じような場面と自動思考しか出てこなかったから,取り組まなかった」という参加者がいる場合は,どのように対応すればよいでしょう?

①「ひとりでやってみたものの,難しくてできなかった」という場合

　まず,チャレンジしたことをほめ,認知再構成法が最初は難しいことを伝えましょう。実際に,認知再構成法を1回や2回で使いこなすことは難しいと言えます。「最初は誰もが難しいと感じるので,何回も練習しましょう」とノーマライズしてください。

　回数制限がないプログラムの場合は,認知再構成法の手続きを参加者が身につけられるまで,ていねいに繰り返します。また,ホームワークは,参加者の理解度をトレーナーが見極めたうえで提示してください。プログラムに回数制限がある場合は,新しい課題を次々に出すのではなく,ホームワークの「おさらい」を重視しましょう。

②「第8回でトレーナーと一緒に取り組んだときと同じような場面と自動思考しか出てこなかったから,取り組まなかった」という場合

　ホームワークは,セッションで扱ったものと同じ内容になる可能性がありますが,参加者がひとりで認知再構成法をやってみること自体が大切です。したがって,トレーナーは参加者に「面倒かもしれませんが,『おさらい』のチャンスです」「同じ題材でも,違う場面で認知再構成法をやってみると,もっと良い考えが出てくるかもしれません」と伝えて,同じテーマでも再度ひとりでやってみることを勧めます。

2──今回のワークのトラブルシューティング

> 問題解決法の「問題状況」に,外的なストレッサー(ストレスを感じる状況や出来事)ばかりが書かれ,自分の行動が書かれていない場合,どのように対応すればよいでしょう?

「問題状況」には外的なものを書きたくなりがちですが,問題解決法の「問題状況」のターゲットは「自分の行動」です。認知再構成法の「状況」では,自分の反応とは切り離した「外的状況」をターゲットにするため,内容は大きく異なります。

「問題状況」にストレッサー(ストレスを感じる状況や出来事)ばかりが書かれ,参加者のストレス反応(おもに行動)が抜けている場合は,参加者のストレス反応も「問題状況」に含めるように修正します。

たとえば,「職場にどっさりお菓子がある」というストレッサーがあっても,この外的状況だけでは「問題状況」になりません。「職場にどっさりお菓子があるので,**つい仕事の合間にちょくちょくつまんでしまう**」ので困っているのか,「職場にどっさりお菓子があるので,頻繁に同僚から食べるように勧められ,**断れずに食べてしまう**」ので困っているのか,具体的な参加者の反応まで書いてもらいましょう。

第10回

問題解決に取り組もう

2

第10回のアジェンダ

1 第10回に必要なトレーナーのスキル
- 現実的な目標をイメージとして参加者が思い描けるようにする
- 「目標イメージ」を具体化するための手段を，ブレインストーミングによって参加者が案出できるようにする
- ◆ スキルのまとめ

2 理論と技法の解説
- 問題解決法における目標について
- 問題解決法におけるブレインストーミングについて

3 トラブルシューティング
- 前回のホームワークのトラブルシューティング
- 今回のワークのトラブルシューティング

参考文献

1 第10回に必要なトレーナーのスキル

1──現実的な目標を参加者がイメージとして思い描けるようにする

　問題解決法においては「達成可能で現実的な目標を具体的にイメージする」という手続きが最も大切です。目標は現実的に達成可能なものにしましょう。参加者に「ちょっとがんばれば，あるいはちょっと工夫すれば手が届きそうな目標」を決めてもらいます。

　現実的に達成可能かどうかを見極めるには，その目標を具体的にイメージできるかどうかがポイントになります。具体的な目標のイメージをもつためには，いつ，どこで，何を，どうするか，についてビデオをスローモーションで観ているように詳しく述べてもらうとよいでしょう。すべて現在形で，時系列で表現してもらいます。

　次に，「第9回に必要なトレーナーのスキル」に登場したUさんとVさんの例を挙げます（本書pp.159-161参照）。

例　グループセッション

トレーナー　では，これから達成可能な目標を考えてもらいます。まず，Uさんはどのような目標がイメージできますか？

Uさん　妻が同じことを何度か言ってきたとき，自分がイライラしなければいいんですかね。そうすれば「いい加減にしろよ」と言わないですむし……

トレーナー　なるほど。「イライラしない」というのは可能でしょうか？

Uさん　いや……正直，難しいですね。

トレーナー　なるほど。Uさんがイライラするのは，仕方がないことなんですね？

Uさん　はい，そうですね。こればっかりは。

トレーナー　だとすると，イライラしたときにどうできるといいですか？

Uさん　うーん……どうすればいいでしょうね……。イライラしてもそれを外に出さなければいいのかな。

トレーナー　なるほど。それは，Uさんがイライラしたときにどのようにすることなんですか？

Uさん　うーん……イライラしても「いい加減にしろよ」とは言わないことです。

トレーナー　なるほど。「いい加減にしろよ」と言わないことは，Uさんがどうする

ことなんですか?
Uさん　イライラしても,「それ,さっきも聞いたよ」と落ち着いた口調で妻に言ってみるとか……
トレーナー　「落ち着いた口調で」というのは,具体的にはどのような感じですか?
Uさん　ああそうだ。「問題解決のための認知」で作ったみたいに,「文句じゃなくて事実だけを伝えよう」と考えてみるといいかもしれませんね。そう考えると,「ああ,そうか」と納得がいくので,少し落ち着けそうです。
トレーナー　なるほど。それは,「妻に同じことを言われたときに,イライラしてきても,『文句じゃなくて事実だけを伝えよう』と心のなかで考えてみる。そして,『それ,さっきも聞いたよ』と落ち着いた口調で言う」ということになりますかね。こんなふうにしている自分のことをイメージできますか?
Uさん　(考えて)……できます。
トレーナー　では,そのイメージを書き出しましょう。

(＊Vさんとも同様のやりとりをする)

Uさんの問題解決のイメージ

> 妻に同じことを言われたときに,イライラしてきても,「文句じゃなくて事実だけを伝えよう」と心のなかで考えてみる。そして,「それ,さっきも聞いたよ」とゆっくりとした口調で言う。

Vさんの問題状況

> 好意をもっている女性が参加する飲み会の席で,「緊張してうまく話せないかもしれない」「嫌われたらどうしよう」という考えが浮かび,避けたくなっても,「ちょっと話しかけるくらいで嫌われたりはしないだろう」「とにかく一歩だけ,踏み出してみよう」と考えてみる。それから,あえてその女性のそばに行き,「隣に座っていいですか?」と声をかけてみる。「いいですよ」と言われたら,隣に座る。それから,「おつかれさまです」と話しかける。その後,飲み会の間,その席に座りつづける。

解説　トレーナーは,まず,具体的な目標のイメージを参加者に挙げてもらい,具体的な内容を質問して,イメージをさらに具体化します。Vさんの場合は,今現在の問題状況ではなく,今後に備える目的で問題状況を書き出しているため,イメージがやや漠然としています。今現在の問題であれば,問題状況にかかわる人の実名を入れて,より具体的に書く必要があります。

2 ──「目標イメージ」を具体化するための手段を，ブレインストーミングによって参加者が楽しく案出できるようにする

　「目標イメージ」が一通り思い描けたら，次に，そのイメージを確実に実現できるように詳細で具体的な手段を挙げてもらいます。そのために，参加者には，問題解決法の手続き③に挙げた，達成可能で現実的な目標のイメージをさらに細分化して，ひとコマひとコマのシーンを詳しく何度もイメージしてもらいましょう。そのなかで，より細かくできそうなものや，あらかじめイメージしておくと問題解決的な行動を取りやすい具体的なアイデアを，ブレインストーミングを通して参加者に案出してもらいます。

例　グループセッション

トレーナー　では，これからUさんとVさんの，「達成可能で現実的な目標のイメージ」を具体化するための手段を一緒に考えていきましょう。まず，Vさんが作った目標イメージを見せてください。

Vさんの問題状況

> 好意をもっている女性が参加する飲み会の席で，「緊張してうまく話せないかもしれない」「嫌われたらどうしよう」という考えが浮かび，避けたくなっても，「ちょっと話しかけるくらいで嫌われたりはしないだろう」「とにかく一歩だけ，踏み出してみよう」と考えてみる。それから，あえてその女性のそばに行き，「隣に座っていいですか？」と声をかけてみる。「いいですよ」と言われたら，隣に座る。それから，「おつかれさまです」と話しかける。その後，飲み会の間，その席に座りつづける。

トレーナー　このイメージはかなり具体的ですが，さらに実行しやすいようにもっと細かく具体的に詰めていきましょう。そのために，目標のイメージをさらに具体化するための手段を挙げます。たとえば，好意をもっている女性が参加する飲み会の席で，ネガティブな自動思考が浮かんで避けたくなったとき，「ちょっと話しかけるくらいで嫌われたりはしないだろう」「とにかく一歩だけ，踏み出してみよう」と考えてみるのですが，このセリフはネガティブな自動思考がワッと押し寄せてきたときに，どのタイミングで，どうやって考えることができるでしょう？　何かイメージできますか？

Vさん　えっと，飲み会の席でその女性を見るとネガティブな自動思考が湧いてくると思うので，「問題解決のための認知」を紙か何かに書いて，パッと見たりするといいかもしれません。

トレーナー　そうすると，Vさんが事前にそういったメモを作成しておくといいんでしょうか？
Vさん　そうですね。認知をメモした紙をポケットに入れておいて，お店に入る前に見るのがいいかもしれません。
トレーナー　では，それを「目標イメージを具体化するための手段」のアイデアのひとつとして書き出しましょう。
Vさん　わかりました（書き出す）。
トレーナー　ほかにはどうでしょう？　さらに具体化できそうなところはありますか？　あえてその女性のそばに行くということですが，どのようにそばに行くといいでしょうか？
Vさん　うーん……お店に入ったら，その女性の席を確認してみるのが最初にありますよね。
トレーナー　では，それも書き出しておきましょう。（以下略）

（＊Uさんとも同様のやりとりをする）

その後，Vさん（およびUさん）の目標イメージを具体化するための手段は，次のようになりました。

Vさんの目標イメージを具体化するための手段

1. 飲み会の前に，「ちょっと話しかけるくらいで嫌われたりはしないだろう」「とにかく一歩だけ，踏み出してみよう」とメモに書き，上着の右ポケットに入れておく。
   効果的か（70％）　　　　実行可能か（100％）

2. 自分が先に着くと，その女性の席がわからないので，時間ぎりぎりに到着する。
   効果的か（70％）　　　　実行可能か（100％）

3. お店の前でとそのメモを右手で取り出して読む。
   効果的か（90％）　　　　実行可能か（70％）

4. お店に入り，その女性を見つけたら，隣に座ると心に決めておく。もし，その女性の隣がすでに空いていなかったら，正面や斜め前などの近いところに座ると決めておく。
   効果的か（100％）　　　実行可能か（100％）

5. お店に入ったら，その女性の席を確認する。
   効果的か（100％）　　　実行可能か（100％）

6. 避けたくなる自分の気持ちをモニターしつつ，もう一度新しい認知を心のなかでつぶやき，自分を励ます。
   効果的か（90％）　　　　実行可能か（90％）

7. 右足から踏み出し，女性の隣まで来たら椅子に手をかける。
   効果的か（100％）　　　実行可能か（80％）

8. 女性のほうに視線を向け，「隣に座っていいですか？」と，女性に聞こえる声で伝える。
   効果的か（100％）　　　実行可能か（90％）

9. 女性がいいと言ったら，椅子を引いてそのまま隣の席に座る。
   効果的か（100％）　　　実行可能か（100％）

10. 椅子の下に鞄を置く。
    効果的か（100％）　　　実行可能か（100％）

11. 女性が誰とも話をしていなければ，体を女性のほうに向けて「おつかれさまです」と言う。
    効果的か（100％）　　　実行可能か（100％）

12. つらくなってきても席を離れずその場にいつづける。心のなかで「今日はここにいつづけられればいいんだ」と考える。
    効果的か（100％）　　　実行可能か（100％）

Uさんの目標イメージを具体化するための手段

1. 妻と会話をする前に、「今日は問題解決法の実験をするぞ」と心のなかでつぶやく。
　　　　　効果的か（60％）　　　　　実行可能か（80％）

2. 妻が同じことを言ったときに、「来た！」と心のなかで言い、イライラしてきたことに気がつく。
　　　　　効果的か（100％）　　　　実行可能か（60％）

3. 「文句じゃなくて事実だけを伝えよう」と心のなかでつぶやく。
　　　　　効果的か（90％）　　　　　実行可能か（80％）

4. ふーっと息を吐いて、「それ、さっきも言ったよ」と言う。
　　　　　効果的か（80％）　　　　　実行可能か（100％）

解説 ここでは、「目標イメージ」の始めから終わりまでを時系列で具体化します。すべて書き出したあとで、それぞれの手段に対して「効果的か」「実行可能か」という評価を参加者にしてもらいましょう。

◉スキルのまとめ

- ◆第10回では、問題解決における目標のイメージを、参加者が具体的に抽出し、書き出すことで、目標を明確にして、その実現可能性を検討します。
- ◆問題解決における「目標イメージ」をさらに具体化するために、ブレインストーミングを使って、目標を達成するためのアイデアを出していきます。
- ◆問題解決法は、「問題の理解」と「問題の対処」という2つの重要な要素から構成されています。
- ◆「問題の理解」と「問題の対処」の間に「目標設定」を行ないます。

2 理論と技法の解説

1——問題解決法における目標について

　問題解決法は，2つの重要な要素から構成されています。1つは「問題の理解」で，もう1つは「問題への対処」です（図1）。

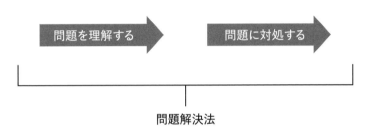

図1 ■ 問題解決法の構造

　「問題の理解」は，CBTにおけるアセスメントのときと同じ意味で使われています。ここでは，何が問題となっているのかを具体的に理解していきます。問題が理解できてはじめて，何を解決とするのかという「目標イメージ」が決まります。目標が定められてはじめて，問題に対処することができます。つまり「問題の理解」と「問題への対処」との間には「目標の設定」があります（図2）。目標を設定できると，それに向けていろいろと試みることができます。したがって，「問題の理解」の後に，「問題解決に向けた具体的な目標」を立てることは，問題解決法の要となります。

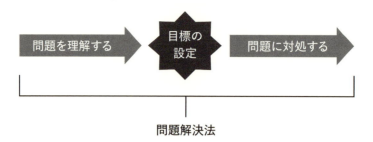

図2 ■問題解決法の構造と目標設定の関連性

2──問題解決法におけるブレインストーミングについて

　問題を理解し，具体的な目標を立てたら，その目標を達成するための手段をさまざまな角度から考えます。目標を達成するための道筋はさまざまなものがあるはずです。よりよい道筋を探し出すためには，まずはたくさんのアイデアを出さなければなりません。そのためにブレインストーミングを行ないます。ブレインストーミングについては，第7回（本書p.133）に詳しく紹介しています。

3 トラブルシューティング

1──前回のホームワークのトラブルシューティング

> 1. 多くの問題状況をもってきて,しかも「全部検討したい」と主張する参加者に対しては,どのように対応すればよいでしょう?

　まず,トレーナーは,多くの問題状況をもってきたモチベーションの高さを評価しましょう。その後,どの問題を扱うかを参加者と一緒に考えます。トレーナーは「問題解決法の進め方を理解したら,今後のホームワークや日常生活で活用しましょう」と伝えます。それから,まずは1つの問題状況をていねいに扱うことが大切だと伝え,今回の問題解決法で扱う問題を1つ決めてもらいます。その際には,多くの問題状況のなかでも,日常的にパターン化されたストレス体験にかかわる行動を選ぶとよいでしょう。なぜなら,日常的につい取ってしまう行動とは,言い換えれば「いつでも取り組める問題」だからです。

　このようにしても1つに絞れない場合は,「問題解決法の手続きを練習することが第一の目的です。どれでも『題材』になりますから,一番適切なものを選ぶ必要はありません」と伝えたうえで,「参加者がどの問題から変えたいか」という視点で選ぶこともできます。

> 2. 「問題解決のための認知」について,セッションでは理解できても,日常のストレス体験にあてはめられなかったという参加者がいたら,どのように対応すればよいでしょう?

　まず,トレーナーは,ホームワークに取り組もうとした参加者の姿勢を評価します。さらに,「これらの認知は『うまくいっている人から借りてきたもの』なので,わかったつもりでも,自分の問題にあてはめて使いこなすのは難しいかもしれません」と伝え,参加者のような体験はごく普通に起こりうるということを伝えましょう。その後,参加者に個々のストレス体験を出してもらい,あてはめ方の例を示します。

　たとえば,「職場にお菓子がどっさりあってつい食べてしまい,そんな自分にイラ

イラする」というストレス体験が挙げられたとします。このとき、次のように説明します。「たとえば、『原因を1つに決めつけず、さまざまな要因を見つけてみよう』という認知をあてはめると、『お菓子をつい食べてしまうのは、自分の意志が弱いからだ』と1つの要因だけにあてはめて、その結果イライラしてしまうことがわかりますね」と説明します。あるいは、「『解決できるかどうか』ではなく、『対処できそうなこと』『できないこと』を見極めようという認知をあてはめてみると、『お菓子をまったく食べない』というのは対処不可能かもしれませんが、『お菓子を食べる量を減らす、普段の3分の1にコントロールする』ということは対処可能かもしれません」と、参加者にとっての具体例を実際に「問題解決のための認知」にあてはめながら説明します。

説明の最後に、「しばらくは違和感があると思いますが、とりあえず使いつづけてみましょう」「使いつづけていれば、次第になじんできます」「全部をあてはめる必要はなく、気に入ったものを使いつづけられるとよいですね」と伝えて、参加者を励ましましょう。

2──今回のワークのトラブルシューティング

> 1.「達成可能で具体的な目標イメージ」のなかに、環境因や他者の行動（反応）が何らかの形で組み込まれている場合は、どのように対応すればよいでしょう？

問題解決法とは、ストレス反応のなかでも、特に行動の部分に焦点をあてて、ストレス状況から抜け出すための新たな行動を学び、ストレス反応の軽減を目指す方法です。したがって、「達成可能で具体的な目標イメージ」の最後に、環境因や他者に対する反応が、希望観測的に組み込まれていても問題ありません。むしろ、「そのようになったらいいので実行してみよう」とモチベーションが高まるかもしれません。しかし、「目標イメージ」の最初や途中に入っていると、目標が「自分でコントロールできないもの」であり、「問題解決法で対処できないもの」になってしまいます。そのような場合は、参加者に「問題解決法は、自分の行動を変えることが目的です」と伝えます。そのうえで、「どう行動すればよいか」に焦点を置き換えてもらいましょう。

たとえば、「職場にどっさりお菓子がある」という問題状況の「達成可能で具体的な目標イメージ」として「同僚がお菓子をもってこなくなる」と書いた場合は、同僚ではなく自分の行動に焦点をあて、「自分が食べ方の工夫をする」という視点で目標イメージを書き直してもらいましょう。

2.「目標を達成するための具体的な手段」を書く必要がないくらい具体的なイメージをもっている参加者がいたら，どのように対応すればよいでしょう？

「目標イメージ」が完成しているように見えても，さらに具体化できるはずです。トレーナーは参加者の「目標イメージ」を「十分具体化できている」と思いこまないようにしましょう。

たとえば，「クッキーをいつも3枚も取ってしまうが，それを1枚にする」という「目標イメージ」は一見すると具体的ですが，これだけでは「どのタイミングで，いつも3枚取っているクッキーを1枚にするのか」というイメージまでは浮かんでいません。「クッキーをいつものように3枚取りそうになったら，『1枚だけ』とつぶやく」「その後で『1枚』と声に出して数えながら1枚だけゆっくりと取る」というように具体化していきましょう。

第11回

問題解決に取り組もう 3

第11回のアジェンダ

1 第11回に必要なトレーナーのスキル

- ✚ 参加者が臨場感をもってイメージしながら,最終的な行動計画を立てられるように手助けする
- ✚ 行動実験に関する心理教育を行い,行動実験とその結果の検証への参加者のモチベーションを高める
- ◆ スキルのまとめ

2 理論と技法の解説

- ✚ 行動実験について
- ✚ エクスポージャーのための行動実験について
- ✚ 衝動コントロールのための問題解決法について

3 トラブルシューティング

- ✚ 前回のホームワークのトラブルシューティング
- ✚ 今回のワークのトラブルシューティング

参考文献

1 第11回に必要なトレーナーのスキル

1──参加者が臨場感をもってイメージしながら，最終的な行動計画を立てられるように手助けする

　第11回ではいよいよ，問題解決のための最終的な行動計画を立てます。トレーナーは「目標イメージを具体化するための手段」を取捨選択し，組み合わせて「行動実験のためのシナリオ」を完成させることを参加者に伝えます。シナリオは，それを読めば，自分がどのタイミングで，何を考えて，何をすればよいのかが手に取るようにわからなければなりません。行動計画がきめ細かく，何をすればよいのか手に取るようにわかるものであれば，参加者が臨場感をもってイメージしながら行動計画を立てられるようになります。第11回までの間に，「目標のイメージ」や「目標イメージを具体化するための手段」を十分検討しているので，新しく行動計画を考えるというわけではありません。これまでに出した多くのアイデアをつなぎ合わせてまとめます。
　Uさん，Vさんは，最終的な行動計画を次のように立てました。

Uさんの行動計画

> 妻と会話をする前に，「今日は問題解決法の実験をするぞ」と心のなかでつぶやく。妻が同じことを言ったときに「来た！」と心のなかで言い，イライラしてきたことに気がつく。「文句じゃなくて事実だけを伝えよう」と心のなかでつぶやく。ふーっと息を吐いて，「それ，さっきも言ったよ」と言う。

Vさんの行動計画

> 飲み会の前に,「ちょっと話しかけるくらいで嫌われたりはしないだろう」「とにかく一歩だけ,踏み出してみよう」とメモに書き,上着の右ポケットに入れておく。店に自分が先に着いてしまうと,その女性の席がわからないので,時間ぎりぎりに到着する。店の前でメモを右手で取り出して読む。店に入り,その女性を見つけたら,隣に座ると心に決めておく。もし,その女性の隣がすでに空いていなかったら,正面や斜め前などの近いところに座ると決めておく。店に入り,その女性の席を確認する。避けたくなる自分の気持ちをモニターしつつ,もう一度新しい認知を心のなかでつぶやき,自分を励ます。右足から踏み出し,女性の隣まで来たら椅子に手をかける。女性のほうに視線を向け,「隣に座っていいですか?」と,女性に聞こえる声で聞く。女性がいいと言ったら,椅子を引いてそのまま隣の席に座る。椅子の下に鞄を置く。女性が誰とも話をしていなければ,体を女性のほうに向けて「おつかれさまです」と言う。つらくなってきても席を離れずその場にいつづける。「今日はここにいつづけられればいいんだ」と考える。

2── 行動実験の心理教育を行ない,行動実験とその結果の検証への参加者のモチベーションを高める

　行動実験の最も重要な目的は,実験をして結果を検証することです。したがって,結果が思わしくなかったとしても,結果を検証することのほうがはるかに重要です。
　次に,Uさん,Vさんとのやりとりを示します。

例　グループセッション

トレーナー　これからいよいよUさん,Vさんには,行動計画にもとづいた行動実験を行なってもらいます。行動実験の目的は,実験するということと,実験した結果がどうだったかを検証するということです。したがって,問題解決につながる良い結果であろうとなかろうと,あれこれ検証することが大事なので,結果にこだわらず実験していただきたいと思います。行動実験についての質問はありますか?

Uさん　結果の良し悪しよりも,やってみてどうだったかをみていけばいいんですね?

トレーナー　その通りです。

Uさん　楽しみにしているので早くやりたいんですが,もし悪い結果だったら落ち込みそうです。

トレーナー　せっかく時間をかけて作ったのだから,良い結果を期待したくなりますよね。ただ,あくまでも実験なので,「実際にやったらどうなるかをみてみよう」というつもりで取り組んでください。もし,望ましくない結果が出たとし

ても，その結果にもとづいて問題解決法を繰り返せばよいのです。
Uさん　なるほど。がんばります。
Vさん　僕の場合は，「これから起こるかもしれないこと」に備えて作った行動計画なので，今すぐ行動実験をしたり，結果を出したりすることはできないのですが，どうすればいいですか？
トレーナー　たしかに，Vさんは今すぐ行動実験ができないかもしれません。でも，イメージで行動実験してもいいんですよ。あたかも自分がその場にいて，実際に行動実験をしているかのように具体的にイメージして，どうだったかを報告していただきたいのですが，いかがでしょうか？
Vさん　わかりました。
トレーナー　このようにイメージで行動実験することを「イメージリハーサル」といいます。イメージリハーサルをしておくと，実際の場面でも行動実験しやすくなりますよ。

Vさんのように，現場で行動実験ができない参加者にはイメージリハーサルが有効です。イメージリハーサルの心理教育を行なったのちに，参加者に行動実験に取りかかってもらいましょう。

●スキルのまとめ

- ◆第11回では，行動実験に向けて行動計画をまとめます。
- ◆行動計画の実現可能性を高めるため，なるべく具体的できめ細かい計画を立てられるように参加者を手助けします。
- ◆行動実験の意義を心理教育で伝え，正しい認識のもとで行動実験に取りかかります。
- ◆CBTにおける行動実験には，「認知の妥当性を検証するための行動実験」と「問題を解決するために計画した行動を意図的に起こし，その結果を検証するための行動実験」の2種類があります。

2 理論と技法の解説

1──行動実験について

　CBTにおける行動実験には2つの種類があります。1つは，認知の妥当性を検証するための行動実験です。もう1つは，問題解決のために計画した行動を意図的に起こし，その結果を検証するための行動実験です。

　1つ目の行動実験の例を挙げます。ある人が「私の頼みごとは，きっと誰も聞いてくれない」という認知をもっているとします。その場合，あえて多くの人に頼みごとするという行動実験をしてみて，認知が実際にその通りであるかどうかを確かめます。また，認知再構成法によって「なかには聞いてくれない人もいるだろう。でも，たいていの人は，事情が許せば私の頼みごとを聞いてくれるだろう」という新しい考えを手に入れ，行動実験を通じてその考えの妥当性を検証することもあります。

　2つ目は，どうしても朝起きなければならない時間に起きられず，遅刻を繰り返してしまうという人の例を挙げます。この人は，その問題を解決するために行動計画を練り，その行動を実際に起こしてみて結果を検証します。これは問題解決法における行動実験に該当します。

2──エクスポージャーのための問題解決法について

　問題解決法はさまざまな問題に対して利用できる技法です。なかでも，問題解決したい行動に「回避」が含まれている場合にとても有効です。苦手とする場面や，それによって生じるネガティブな心身の反応に意図的にさらされることを「エクスポージャー（曝露）」と呼びます。問題解決法で扱う問題に「回避」がかかわる場合は，おのずとその行動計画にエクスポージャーが含まれます。

　挨拶や世間話をすることが苦手で，対人関係を避けている人がいるとします。その場合のエクスポージャーは，たとえば，知り合いのいる場所に自分から出向き，あえて自分からその人に挨拶をしたり，声をかけたりすることになります。

　その人がエクスポージャーしようと心に決めて，すぐに苦手な場面に飛び込んでいけるのであれば，わざわざ問題解決法を実行しなくてもよいでしょう。しかし，挨拶の仕方がわからない，どうやって人に声をかけたらよいかわからない，というように，苦手な場面でのふるまい方が具体的にイメージできない場合は，簡単にエクス

ポージャーに取り組むことはできません。この場合は，問題解決法を使って，どのように挨拶をしたらよいのか，どのように声をかけたらよいのか，という具体的な行動計画を立てる必要があります。場合によってはトレーナーと一緒にリハーサルを行ない，そのうえで行動実験としてのエクスポージャーにチャレンジします。

3——衝動コントロールのための問題解決法について

　問題解決法は衝動コントロールの問題にも有効です。「回避」とは逆に，「行きすぎた行動」を調整することができます。

　たとえば，欲しいものをクレジットカードでどんどん衝動的に買ってしまい，支払いに困ってしまう人や，対人場面での怒りをコントロールできず，暴言や暴力に至ってしまう人がいます。このような場合，衝動的な買いものや怒りという「行きすぎ行動」に対して問題解決法を行ない，いかに衝動をコントロールして適切な行動を取るか計画を立て，実行します。

3 トラブルシューティング

1──前回のホームワークのトラブルシューティング

> 「これから実行計画を立てるはずが，『目標を達成するため具体的な手段』を挙げていたら，いろいろ思いついたので計画を立てる前にやってしまった。すると簡単にできてしまった」という参加者がいたら，どのように対応したらよいでしょう？

①参加者の報告に対して，トレーナーは驚きと喜びを示す

　実行計画を立てる前ですが，参加者が実行したことに対して，トレーナーは驚きや喜びなどのポジティブな反応を返しましょう。

②実行したときの様子を参加者から報告してもらい，一緒に検証する

　トレーナーは，参加者に「いつどこで行なったのか」「どのように行なったのか」「どのようにしたらできたのか」と，実行した過程を細かく聞いてみましょう。また，実行してどうだったかということに対する検証（良かったところや上手くできなかったところ）も求めます。

③その結果を踏まえたうえで，あとから行動計画を書いてもらう

　実行の結果を詳しく聞きだし，その結果を参考にしたうえで，より精緻な行動計画を立てます。今回実行した計画があまり上手くいかなかった場合は，再度，どのような行動計画がよいかを一緒に考えます。

2 ── 今回のワークのトラブルシューティング

> 部署異動や引っ越しなどの環境の変化で,すでに問題状況がなくなった場合は,どのように対応すればよいでしょう?

①過去に戻ってシミュレーションしてもらう

　問題状況の検討から実行計画の作成まで数セッションかかるかもしれません。したがって,いざ実行計画を作成しようとする段階で「上司と話し合うことを実行計画としていたが,上司が異動になってしまった」「会議で発表する予定だったが,会議がなくなってしまった」ということも起こりえます。そのようなときは,その問題状況があったときに立ち返ってシミュレーションしてもらいます。そのうえで,行動計画とシミュレーションの結果を検証します。

②今後同じような問題状況が起きるかもしれないので,そのときに備えてもらう

　①で終わりにするのではなく,今後も同じような状況は起こりえます。イメージリハーサルをしてもらい,そのときに備えるよう参加者に伝えます。

Nezu, A.M., Nezu, C.M. and Lombardo, E.R.（2004）Cognitive-Behavioral Case Formulation and Treatment Design : A Problem-Solving Approach. New York : Springer Publishing Company.（伊藤絵美＝監訳（2008）認知行動療法における事例定式化と治療デザインの作成．星和書店）

安西祐一郎（1985）問題解決の心理学．人間の時代への発送．中公新書．

丹野義彦・坂野雄二・長谷川寿一・熊野宏昭・久保木富房＝編著（2004）認知行動療法のワークショップ２――アーサー＆クリスティン・ネズとガレディの面接技法．金子書房．

第12回

まとめ

第12回のアジェンダ

1. **第12回に必要なトレーナーのスキル**
   - ✚CBTの全体像をあらためて提示する
   - ✚プログラムの「おさらい」をする
   - ✚プログラム終了後もCBTを実践するように参加者のモチベーションを高める
   - ◆スキルのまとめ

2. **理論と技法の解説**
   - ✚CBTと学習の熟達化について
   - ✚CBTと再発予防について
   - ✚CBTとQOL(生活や人生の質)の向上について

3. **トラブルシューティング**
   - ✚前回のホームワークのトラブルシューティング
   - ✚今回のワークのトラブルシューティング

参考文献

1 第12回に必要なトレーナーのスキル

1──プログラムで実践してきたことを参加者が達成感をもって振り返ることができるように，CBTの全体像をあらためて提示する

　ここでは，あらためてプログラムの全体像を振り返り，参加者が達成感をもてるようにします。振り返る際の説明の仕方は，トレーニングブック（pp.184〜185）を参照してください。そのほか，トレーニングブックの目次をたどったり，ワークシートへの書き込みをながめたりしながら，これまでの歩みを共有しましょう。

2──参加者が自分自身の気づきやスキルの獲得を確認できるように，プログラムの「おさらい」をする

　プログラム全体を振り返った後で，参加者が自分自身の気づきやスキルの獲得を実感し，喜べるように，いろいろな質問をします。
　トレーニングブックではワーク16（p.186）にあたります。ワーク16では，自分のストレス体験への気づきと，どのようなスキルを習得できたかについてまとめ，習得したスキルに丸をつけます。トレーナーとやりとりをしながら記入してもよいですし，書き出したものを発表しながらトレーナーと検討することもできます。実際に自分が書き込んだワークシートを見ながら進めると実感が増すでしょう。

例　個人セッション

トレーナー　Wさんのストレス体験にはどのような特徴がありましたか？（ワーク16の①を一緒に見ながら）

Wさん　仕事のことですね。締め切りに間に合わなさそうなときとか，わからないことがあるときに，「怒られるのは嫌だな」っていう自動思考が出ちゃってました。ついつい尻込みして，課長に相談できなくて憂うつになるし，仕事が進まないからインターネットをしちゃったりして。ひどいときはズル休みをしました。悪循環でした。

トレーナー　なるほど。状況，自動思考，気分，行動などの特徴がしっかり捉えられていますね。

Wさん　ありがとうございます。

トレーナー　プログラムを通じてどのようなスキルを習得しましたか？（ワーク16の②を一緒に見ながら）

Wさん　そうですね。まず，認知行動療法を身につけるまでは，自分がこう考えているとか，自分にこういう感情が湧いているんだとか，そういうことに無頓着というか，気づいていませんでした。そして，面倒なことを自然と避けて，インターネットをしたり，休んだりして時間をムダにしていました。でも，今ではワークシートに書き出すことで，「たしかに，こういう自動思考があったら憂うつだし避けたくなってしまう。だけど，これは自動思考なんだから，巻き込まれないようにすればいいんだ」と思って落ち着くことができています。

トレーナー　すばらしいですね。では，それをここに書いてみましょうか（ワーク16の②を指しながら）。

Wさん　何て書いたらいいでしょうか？

トレーナー　今の話だと，まず「自動思考や感情に気づけるようになった」のですね。そして，「認知行動モデルに沿って自分のパターンが理解できるようになった」。それから，「自分の反応をワークシートに書き出すことができるようになった」。さらに，「気がついて書き出した自動思考に巻き込まれなくなった」のですね。この4つを書きましょう。

Wさん　なるほど（書き出す）。

トレーナー　今書いた4つは，ここに書いてあるスキルのどれに該当しますか？（ワーク16の③を指しながら）

Wさん　えっと，モニタリング，アセスメント，外在化ですね。巻き込まれなくなったというのはマインドフルネスですね。

トレーナー　そうですね。丸をつけましょう（ワーク16の③を指しながら）。

Wさん　はい（丸をつける）。

トレーナー　ほかには，どんなスキルが身につきましたか？

Wさん　問題解決法でしょうか。問題解決法を使って，課長に相談することに挑戦しました。それを繰り返していたら，前より怒られることも減ったし，課長と話しやすくなってきました。以前は，「自分にはできない」という自動思考に押しつぶされそうでしたが，今では，「仕事で困っても問題解決法を使って対処すれば何とかなるかもしれない」と自分に言い聞かせています。

トレーナー　では，それも書いておきましょう。

Wさん　はい（「問題解決法を使って課長と相談できるようになった」と書く）。

トレーナー　では，ここに書いてある問題解決法に丸をつけましょう（ワーク16の③を指しながら）。

Wさん　はい（丸をつける）。

トレーナー　さらに，「仕事で困っても問題解決法を使って対処すれば何とかなるかもしれない」という新しい思考，適応的思考を出せていますね。認知再構成法

　　　　がうまくできていると思うのですが。
Wさん　あー，なるほど。問題解決法に入ってから，認知再構成法のワークシートをあんまり書いてないなって思っていたのですが，そう言われてみると認知再構成法も活用できていますね。
トレーナー　では，それを書きましょう（ワーク16の②を指しながら）。
Wさん　わかりました（「認知再構成法を活用することができるようになった」と書く）。
トレーナー　丸もつけておきましょう（ワーク16の③を指しながら）。
Wさん　（丸をつける）全部丸がつきましたね。
トレーナー　Wさんが認知行動療法を頑張ってきた成果ですね。
Wさん　ええ，本当に（笑）。面倒だな，仕事が忙しくて休んでしまおうかと思ったときもありましたが，続けてよかったです。
トレーナー　これからもぜひ使いつづけてください。

　次に，振り返ったりまとめたりするのが苦手な参加者とのやりとりの例を示します。このような参加者に対しては，トレーナーから質問したり，トレーナーがまとめたり，書き込んだワークシート（特にトレーニングブックp.87のワーク7で行なったまとめ）を参照したりしながら進めます。

例　個人セッション

トレーナー　Xさんのストレス体験には，どんな特徴がありましたか？
Xさん　うーん，何かあったと思うんですが……。何だっけ？
トレーナー　トレーニングブックの87ページを見てみましょうか？
Xさん　はい。
トレーナー　（すでに書き込まれているワークシートを一緒に見る）もう一度まとめを振り返ってみましょう。状況の欄には何と書いてありますか？
Xさん　「お母さんがイライラしているとき」と書いてあります。
トレーナー　そうですね。自動思考はどうですか？
Xさん　「私のせいだ」です。
トレーナー　気分・感情はどうなっていますか？
Xさん　「悲しい」と「イライラ」です。
トレーナー　身体反応はどうですか？
Xさん　「涙が出る」です。
トレーナー　行動はどう書いてありますか？
Xさん　「部屋に閉じこもって一人で泣く」です。
トレーナー　そうでしたね。そんなふうにまとめることができていましたね。このまとめを振り返ってどうですか？
Xさん　以前は本当にそうでした。お母さんがイライラしていると，自分のせいだっ

て思って悲しくなってくる。それでどうしようもなくなっていました。

トレーナー　トレーニングブック87ページのまとめでは，対処として「薬を飲んで早く寝る」と書いてありますが，今はどうしていますか？

Xさん　うーん……今でも同じようなことはありますが，そういうときには「『自分のせいだ』って，また思ってる」と気がついて，先生と一緒に考えた「お母さんがイライラしているのは私のせいじゃないかもしれない」という新しい考えを読み返して，テレビを観るとかしてマイペースに過ごせるようになりました。そうしているとお母さんが話しかけてくることもあります。それで，そもそも「お母さんがイライラしている」っていうのが勘違いだってわかったり，仕事のことでイライラしているんだってお母さんが話してくれたりすることもあります。

トレーナー　すばらしいですね。その時々の自動思考や気分に気づけるようになったのですね。それをモニタリングというのでしたね。では，ここに丸をつけましょう（トレーニングブックのワーク16の③を指しながら）。

Xさん　はい（丸をつける）。

トレーナー　それに巻き込まれずにマインドフルにながめられていますね，マインドフルネスにも丸をつけましょう。

Xさん　はい（丸をつける）。

トレーナー　認知再構成法で一緒に作った適応的思考を役立てることもできていますね。認知再構成法にも丸をつけましょう。

Xさん　はい（丸をつける）。

トレーナー　トレーニングブックのワークシートを使ってアセスメントもできているし，こうして書き出すこともできていますね。書き出すことは外在化というスキルですから，アセスメントと外在化にも丸をつけてください。

Xさん　そうですね（丸をつける）。

トレーナー　お母さんがイライラしていてもマイペースに過ごしてみるというのは，問題解決法で挑戦した対処法でしたね。ということは，問題解決法もできていますね。丸をつけましょう。これで全部に丸がつきましたね。

Xさん　えー，そうだったんだ。先生が一緒に考えてくれたからです。本当に先生のおかげです。

トレーナー　Xさんと私とで一緒に取り組んできましたが，今では，Xさんが自分自身で認知行動療法を活用することができています。

Xさん　でも，一人でやるとなると自信がないです。

トレーナー　大丈夫ですよ。今はまだ学んでいる最中なので，自分でできているという実感がもてないかもしれませんが，私から見るとXさんは本当によく頑張っているし，これからも認知行動療法を使いつづけていくともっと上達しますよ。

Xさん　そうかもしれませんね。頑張ります。ありがとうございます。

解説 Xさんは，すでに自分ができるようになっているスキルをまとめたり，認識したりすることが苦手のようです。このような場合は，トレーナーがリードしながら，実際にはいろいろなスキルが使えるようになっていることを一緒に確認しましょう。その際，トレーニングブックのワーク16の②を省略して，③で丸をつけるだけにしてもよいでしょう。

また，自分が変化したことを他者のおかげだとして考えまう人がいます。トレーナーは，参加者自身の努力の結果だとフィードバックし，CBTを使いつづけることへのモチベーションを高めましょう。

3── プログラム終了後もCBTを実践できるように参加者のモチベーションを高めて，一緒に計画を立てる

身につけたスキルも使いつづけなければ忘れてしまいます。これは料理と同じです。あるメニューが作れるようになったとします。その後も定期的に作っていると，レシピを見なくても作れるようになります。さらには，自分なりのアレンジを加えることもできるようになるでしょう。CBTも，継続して実践すれば，身につけたスキルを忘れることなく，自分のために使いつづけることができますし，スキルアップにもつながります。

CBTは，誰でも体験するストレスをマネジメントする方法です。生きている限りストレスを避けることはできませんが，CBTを使いつづけることで，ストレスを上手にマネジメントし，生活の質を高めたり，自分が納得できる生き方ができるようになったりします。このようなメリットを参加者に伝えると，CBTを継続するモチベーションを高めることができます。

CBTをどのように使いつづけるかは，参加者自身に計画を立ててもらいましょう。自分で計画を立てることで，さらにモチベーションが高まります。セルフモニタリングやマインドフルネスについてはつねに行なうこと，外在化については週に1回以上の頻度で継続的に行なうことを勧めましょう。認知再構成法や問題解決法は日常生活で実践するようにこころがけ，大きなストレスにぶつかったときは，ツールを使いながら手間と時間をかけるように伝えます。

次に，CBTを使いつづける際のさまざまな工夫を挙げます。

①モニタリングとマインドフルネスはつねに続ける。今も，手帳に日記をつけるときに，認知，気分・感情，身体反応，行動を書き出して外在化しているので，それを続ける。落ち込みが60％以上で，外在化しても改善しないときには，1週間以内にツールを使って認知再構成法を行なう。
②やるべきことをためらってしまっているときや，やるべきことを後回しにしていると気づいたときは，いつでも問題解決法を実行する。パターンはほぼ同じ

なので，一からつくらなくても，少し変更すれば応用できる。
③困ったときにはいつでもCBTのスキルを使うようにする。身につけたスキルを忘れないように，CBTのセッションに通っていたのと同じ曜日，同じ時間にテキストを見直す。
④ひとりではついサボってしまうので，1月に1回程度フォローアップセッションに通う。

④のフォローアップセッションとは，CBTのプログラム（一連のセッション）を終了した後に，追加で行なうセッションのことです。終了後の「おさらい」や，参加者のCBT継続の確認のために行なうものです。1～3カ月に1回，定期的に行なう場合もあれば，半年から1年後に臨時で行なう場合もあります。また，対面のセッションが難しい場合は，郵送やEメールでも行なうことができます。

CBTの継続計画を立てる際にサポートが必要な例を次に挙げます。この場合，計画はできるだけ具体的で実行可能なものにしましょう。また，参加者が自分の力で計画したという気持ちを強くもてるよう話し合いを進めます。

例 個人セッション

Yさん （トレーニングブックp.187のワーク17を見ながら）例に書いてあることを続ければいいってことはわかるのですが，できる気がしません。

トレーナー そうですか。ちょっと一緒に考えてみましょうか。

Yさん はい，お願いします。

トレーナー できる気がしないというのは，具体的にはどういうことでしょうか？

Yさん 認知行動療法を行なうこと自体を忘れてしまうような気がします。

トレーナー なるほど。それを防ぐためにどんな工夫ができそうですか？

Yさん うーん……

トレーナー たとえば，認知行動療法に関することを，毎日使うものに書いたり貼ったりする人もいます。手帳や冷蔵庫，携帯電話の待ち受けを利用する人もいます。

Yさん あー，携帯電話がいいですね。いつも持ち歩いているし，必ず見ますから。

トレーナー そうですか。では，携帯電話を利用することにしましょう。どういうふうにしましょうか？

Yさん 待ち受け画面に文字を表示できるので，そこに表示されるようにします。

トレーナー 何と表示しますか？

Yさん 「認知行動療法」って表示するのはどうでしょう。

トレーナー 「認知行動療法」と表示された画面を見たときに，Yさんは何をしますか？

Yさん これ（トレーニングブック）を読むといいのかな。でも，持っていなかったらどうしよう？

トレーナー　ここに身につけたスキルをまとめましたね（トレーニングブックp.186のワーク16を指しながら）。トレーニングブックやワークシートがなくてもできることは何でしょう？

Yさん　そうですね，モニタリングやマインドフルネスならできるかもしれません。

トレーナー　そうですか，いいですね。

Yさん　では，表示させる文字も「モニタリング／マインドフルネス」にしたいと思います。

トレーナー　いいですね。今，設定してみましょうか。

Yさん　はい（設定する）。うん，これで，携帯電話を見るたびに思い出して，モニタリングすることやマインドフルにながめようとすることはできそうです。

トレーナー　いいですね。ほかにはどうでしょうか？

Yさん　外在化はやったほうがいいんでしょうけど，ちょっと面倒だな。外で書きにくいし。

トレーナー　面倒ですが，週に1回はやったほうがいいですね。外在化に携帯電話を利用する人もいますよ。

Yさん　なるほど，それはいいですね。携帯電話を見てモニタリングすることを思い出して，これはと思うことがあったらメモ機能に書くことにします。帰りの電車でも書けるし，いいと思います。

トレーナー　とてもいいですね。少し心配しすぎかもしれませんが，書かない週が続いてしまうことがありそうですか？

Yさん　ありえますね（笑）。

トレーナー　それでは，その工夫も必要ですね。

Yさん　そうですね。どうしようかな……

トレーナー　携帯電話を活用するとしたら，リマインダーとしてスケジュール機能やアラーム機能を使う人もいます。Yさんは普段から使いますか？

Yさん　はい，使っています。「To doリスト」も活用していますよ。設定した締め切り前にリマインド表示が出ます。

トレーナー　それを使うのはどうですか？

Yさん　いいと思います。

トレーナー　どんなふうに設定しましょうか。

Yさん　えっと，週に1回は書いたほうがいいんですよね？　じゃあ，週末かな。土曜日の夜に設定して，その週に1回も書いてなかったら書くようにします。

トレーナー　いいですね。それも今，設定しましょう。

Yさん　はい（設定する）。

トレーナー　携帯電話を使った計画を立てましたが，どうでしょう？

Yさん　これなら忘れることはないんですけど，チェックしてもらう人がいないとサボりたくなるかもしれません。

トレーナー　率直に言っていただいてありがとうございます。では，フォローアップ

セッションに参加するというのはどうですか？
Yさん そのほうがいいですね。自分だけでも続けられるという自信がもてるまで参加します。

4——プログラムを終えられたことを心からねぎらい，その気持ちを参加者に率直に伝える

　参加者がプログラムを終えられたことや，多くの気づきを得たこと，また，たくさんのスキルを身につけたことなどに対して，トレーナーにはねぎらいの気持ちが自然に湧いてくることでしょう。その気持ちを率直に伝えてください。参加者によって取り組み方や達成度に幅があるのは当然です。ですが，仮にできないことがあってもねぎらうようにしましょう。そして，プログラム終了後もCBTを続けてほしいと伝えてください。

　ねぎらいの方法として，言葉で伝える以外に，修了証を渡したり卒業式のようなセレモニーを開いたりする方法もあります。

●スキルのまとめ

- ◆第12回では，これまでのCBT全体の復習と「おさらい」をして，今後ひとりでCBTを継続するための計画を立てます。
- ◆トレーナーは参加者にこれまで達成できたことに敬意を表し，ねぎらいながら，CBTを継続するためのモチベーションを高めましょう。
- ◆CBTは繰り返し学習することで身につきます。
- ◆CBTは再発予防にも役立ちます。

2 理論と技法の解説

1──CBTと学習の熟達化について

　熟達化とは，経験を通じて知識や技能を習得し，それにもとづく能力を獲得していくプロセスです。研究によれば，熟達化は知識を増やすことと実践を繰り返すことによって達成されます。熟達化を達成した人のことを熟達者（エキスパート）と呼びます。トレーナーの皆さんは，CBTの知識やスキルを習得し，実践を繰り返しているので，CBTのエキスパートと言えるでしょう。

　pp.80-82で述べたように，認知心理学の情報処理モデルでは，人間の認知には制御処理と自動処理という2つの処理過程があると考えます。制御処理とは，すべての注意を対象に向けて行なう意識的な処理のことです。自動処理とは，意識せずに少ない注意で自動的に行なう処理のことです。自動処理ができれば，ほかの制御処理を並行して行なうことができるようになり，使えるスキルも増えます。熟達化とは，さまざまな処理が制御処理から自動処理になることだと言えます。何らかの知識や技能を習得するときには必ずこのプロセスを通ります。

　パソコンのキーボードの操作を例に取ると，初心者は，入力する際に，すべての注意を向けて押したいキーの位置を探すでしょう（制御処理）。しかし，キーボードの操作に慣れてくるにしたがって，さほど注意を集中させずにキーの位置を探すことができるようになります（自動処理）。そして，新たな別のスキル（たとえば，資料を見ながら入力するスキル，図を作成するスキル）を習得することに注意を向けることができるようになります。一つひとつのスキルが制御処理から自動処理になることを繰り返すと，最終的にはキーボード操作のエキスパートになります。

　CBTも同様に，ひとつひとつのスキルが制御処理から自動処理になるように繰り返し練習します。トレーニングブックでは，まず，最初のスキルであるモニタリングを意識して，目一杯の注意を向けて繰り返し練習します（制御処理）。次第に，モニタリングはある程度自動的にできるようになります（自動処理）。次は別のスキル（マインドフルネス）を意識的に（制御処理として）行ないます。次第に，マインドフルネスもある程度自動的にできるようになります。このプロセスを繰り返すと，最終的にはCBTのさまざまなスキルが自動処理に移行し，その人はCBTのエキスパートになるのです。

　しかし，エキスパートになっても，習得したスキルを長期間使わずにいると，自動

処理が制御処理に戻ってしまいます。たとえば，何年もパソコンを使わなかったら，注意を目一杯使いながらの操作（制御処理）が再び必要となるのと同じことです。

プログラム終了後もCBTを使いつづければ，後戻りすることなく熟達化が進み，さらなるスキルアップができるのです。それによって日々のストレスマネジメントが円滑に行なえるようになるでしょう。

2──CBTと再発予防について

抑うつ症状や不安症状のようなメンタルヘルスの問題を抱えている人がCBTを受ける場合は，トレーナーも参加者も再発予防の視点をもつことが重要です。この場合の再発予防とは，再発の兆候に早めに気づき，上手に対処することを指します。

多くの研究によって，CBTはメンタルヘルスの問題に対して高い再発予防効果があることが実証されています。CBTを行なうと，うまくストレスと付き合えるようになり，再発のリスクを下げることができます。また，モニタリングを通して早めに再発の兆候に気づいて対処することで，それ以上の悪化を防ぎ，早めに回復することができます。

トレーナーは，CBTを用いた再発予防について参加者に説明してください。そして，どのような兆候に注意してモニタリングする必要があるか，兆候に気づいたときはどのように対処すればよいかについて，参加者と話し合ってください。

3──CBTとQOL（生活や人生の質）の向上について

CBTを身につけ，使いつづけることによって，ストレスをうまくマネジメントできるようになったり，メンタルヘルスの問題の改善や再発予防ができるようになったりします。それに加えてCBTの効果は，QOLを向上させる結果となって表われます。

CBTを通じて，私たちは今までの生き方を振り返ったり，自分を深く見つめ直したり，納得できる人生を選び取ったりすることがでるようになります。その結果として，幸福度やレジリエンシー（粘り強くものごとを乗り越えていく力）が高まることも期待できます。これらがすなわちQOLの向上です。

QOL向上を目的としているCBTには，認知の根底にある信念（スキーマ）に焦点をあてる「スキーマ療法」や，自分の"価値"に沿って人生を進められるようはたらきかける「アクセプタンス＆コミットメントセラピー（ACT）」も含まれます。

3 トラブルシューティング

1 ── 前回のホームワークのトラブルシューティング

> 計画を実行した結果，予期せぬトラブルが起こってしまったと参加者が訴えた場合，どのように対応したらよいでしょう？

①まず，参加者が挑戦したことをねぎらう

　結果としてトラブルが起こった場合でも，実行計画は「やってみる」ことに大きな意味があります。トレーナーは，実行したこと自体を正しく評価しましょう。せっかく実行した計画がうまくいかず，参加者は落ち込んでいるかもしれませんが，トレーナーが一緒に落ち込まないよう気をつけましょう。なぜなら，問題解決法は，1回でうまくいくとは限らないからです。試行錯誤しながら問題解決に粘り強く取り組む姿勢が大切であることを伝え，今回の挑戦をねぎらいましょう。

②今回の結果を検証する

　結果が予想と反してしまったからといって，実行したこと自体が無駄になるわけではありません。むしろ，何が予想に反していたのか，なぜトラブルになったのか，どこまでは予想通りだったのかを細かく検討することで，次回はよりよい実行計画が立てられるはずです。

③検証した結果を活かし，それを組み込み，もう一度計画を立てる

　今回の検証結果を活かせるように，もう一度実行計画を立て直しましょう。

2 ── 今回のワークのトラブルシューティング

> これまでの取り組みを過少評価している参加者に対して，どのように対応すればよいでしょうか？

　これまでの取り組みを過小評価している参加者には，次に挙げる要因が存在する可

能性があります。

　①「まだこんなレベルでは足りない」という要求水準の高さ
　②「自分はいつもできていないから」という自己評価の低さ
　③「自分の力じゃなくて，先生がいたからできた」という依存心の高さ
　④回数や時間が限定されたCBTだったため，本当にうまくできていない

　①のように要求水準が高すぎる場合は，いきなりゴールに到達するのはどのようなことでも無理だということを明らかにして，まずは今回取り組めた内容を確認します。
　②のように自己評価が低い場合は，参加者がCBTを通して手に入れたスキルを，トレーナーが具体的にフィードバックしてください。
　③のように依存心が高い場合は，CBTの最終目標は参加者がセルフヘルプできるようになることだと再度伝えてください。トレーナーと一緒に行なってきたことを丹念に復習すると，そのスキルが身につくことを参加者に明示しましょう。
　④のように，回数や時間が限られていると，参加者の理解が深まらないうちにプログラムが終了してしまうことがあるかもしれません。しかし，参加者がそのプログラムで身につけたことは何かしらあるはずです。できたことを大事に思うことが大切だと伝え，できたことを参加者と一緒に探しましょう。さらに，「一度に全部できなくても，繰り返していれば必ず身につきます」と参加者を励ましてください。

参考文献

スティーブン・ヘイズほか［武藤 崇ほか＝訳］（2010）ACT（アクセプタンス＆コミットメント・セラピー）をはじめる──セルフヘルプのためのワークブック．星和書店．
ウィンディ・ドライデン＋ロバート・レントゥル［丹野義彦＝監訳］（1996）認知臨床心理学入門．東京大学出版会．
マイケル・ニーナン＋ウィンディ・ドライデン［石垣琢麿・丹野義彦＝監訳］（2010）認知行動療法100のポイント．金剛出版．
ジェフリー・E・ヤングほか［伊藤絵美＝監訳］（2008）スキーマ療法──パーソナリティの問題に対する統合的認知行動療法アプローチ．金剛出版．
波多野誼余夫＝編（1996）認知心理学5──学習と発達．東京大学出版会．
中島美鈴ほか（2011）集団認知行動療法実践マニュアル．星和書店．
岡本浩一（2002）上達の法則──効率のよい努力を科学する．PHP新書．
斎藤孝（2001）「できる人」はどこがちがうのか．ちくま新書．

トレーナーが陥りがちなトラブルと
その対策

1 理解が遅い参加者に対して，どのように対処すればよいでしょうか

　まず，参加者にセッション中にすべてを理解する必要がないことを伝え，自分のペースで進めればよいということを保証する必要があります。あわせて「わからない」ということを正直に発言したことを，「わからない時はわからないと言っていただけると助かります」などと言って，積極的に受け入れましょう。

　グループで実施している場合は，個別に参加者をフォローする体制がどの程度取れるか，実施中の施設の事情に合わせて検討しておくことが必要です。別の時間にフォローを行なう場合，その費用をどうするかといった問題もあるでしょう。また，グループのなかでは，ワークを行なっている最中にも，声をかけたり作業を手伝ったりしてフォローをしましょう。さらに，発表順を最後にすることで，どういったことを発表すればよいのかがわかり，間違った発信をしたという思いをさせずにすみます。このようにして参加しやすい環境をつくることができるでしょう。さらに，ペアになってワークをする場合，特定の参加者にばかり負担がかからないように配慮しつつ，よく理解している参加者とペアになるよう配慮することも役立つでしょう。

　個別で行なっている場合，または，グループで実施している参加者への個別のフォローを行なう場合，参加者のわかっている部分を確認し，強調して伝えましょう。また，少しずつわかる部分，できることを増やしていくことを目標にしましょう。参加者によっては，トレーナーと一緒に自分の問題について考えることから始めたり，1回のセッションで新しい概念（例 自動思考）を知ることが理解できただけで十分だという人もいるでしょう。そして，理解が進んだ部分を強調して，参加者の継続に対するモチベーションを高めましょう。

2 長々と話す参加者がいた場合，どのように対処すればよいでしょうか

　構造化が充分行なわれていれば，長々と話してしまって困るということは起こりにくいものです。本書pp.18-25の「トレーナーに必要とされる態度やスキル」を参照して，セッションの構造化のスキルを充分に使えているか再検討しましょう。不足している場合，アジェンダを再設定し，時間を決めるといった構造化の手続きや必要性

を丁寧に説明したうえで，実施してください。

　構造化を行おうとしてもなお長々と話す参加者がいる場合には，そのままにせず，対処する必要があります。原則として，やさしく話を遮り，構造化に協力してもらうよう声をかけましょう。たとえば，トレーナーは，「お話を遮って大変申し訳ないのですが，話を元に戻してもよろしいでしょうか？」と声をかけます。必要であれば，話された内容に応じて「大変な体験をされたのですね」「そのことをセッションで扱ってみたいのですね」というように参加者の思いを受け止めていることを示す発言もしましょう。

　セッション全体の回数が限定されておらず，十分に話を聞くことができる場合に限り，上に紹介した原則以外の選択肢もあります。それは，参加者が話している内容をアジェンダに加え，その代わり他のアジェンダを次回に回すというものです。予定していたセッションの進行が遅れることも明確にしたうえで，その話を続けるかどうか参加者と話し合って決めましょう。

　ただし，グループの場合は，すべての参加者が平等に対応されたと感じることが重要です。ひとりの参加者だけの話題が長い時間を占めるということがないように気をつけましょう。

③ 沈黙が多い参加者には，どのように対応したらよいでしょうか

　まず，黙っているのを責めるつもりがないことをはっきりと伝えましょう。そのうえで，一緒に対処していきたいことを伝え，さらに黙っている理由を聞いて必要な手助けをしましょう。黙っている理由は人それぞれです。その話題について話したくないのかもしれません。もともと口数が少ない人なのかもしれませんし，人見知りで慣れるまでは話しづらいと感じているのかもしれません。また，緊張しているのかもしれないですし，何かに対して不満をもっているのかもしれません。その理由に応じて，必要な手助けを提案し，対処しましょう。

　たとえば，話題を変えるか，パスをしてもらうか，トレーナーが多く話をするセッションにしてもよいか，少し雑談をするのがよいか，グループの場合は本書p.24にあるようなウォーミングアップを取り入れるか，しばらくは他の人の発表を聞いていてもらうかなどは，場合に応じて提案できるでしょう。興味がある内容が出てきたり，グループの場合は他の人が発言していることを聞いて安心したり，そうした何らかのきっかけを機に話せるようになることもあるため，少しずつ沈黙が減るまで様子を見るのもよいでしょう。

　セッションの進め方や説明の仕方などに不満があって，沈黙していることがわかった場合は，そのことを正直に答えてくれたことに敬意を示し，その点をどのように改善できるかについて話し合います。

　本人にも理由がよくわからず，理由を聞かれても答えられない人もいるかもしれません。その場合は，そのことをストレス状況に挙げ，一緒に分析していくこともできます。個人セッションにおいても，一緒に分析していくという提案にも同意が得られ

ない場合は，どんな話ならできそうか教えてほしいとお願いしましょう。

④ 参加者が他の参加者を批判したり非難したりしてしまう場合，どのように対処したらよいでしょうか

まず，あからさまな批判や非難と，反対意見や異なった意見とを区別する必要があります。ブレインストーミングの際には，いろいろな意見が出ることが望ましいので，反対意見や異なった意見は歓迎します。また，そういったさまざまな意見を生産的な話し合いとしてまとめていくことはトレーナーの役割でもあります。

ただ，あからさまな批判や非難や人格否定が始まってしまったら，そのまま放置せず，早めに柔らかく遮り，ルールを再確認するようにしましょう。その際，批判された人に対しても，批判した人に対しても，配慮のある言い方を心がけましょう。

ルールの例が本書p.22にあり，特に「他の参加者の発言を否定・批判しないようにしましょう」「他の参加者の話は，最後まで聴きましょう」とあります。このルールをあらかじめ全員でよく理解しておくことが必要です。セッションの開始時に，毎回確認してもよいでしょう。

例 説明の例

Zさん　ちょっと，そんな風に考えるなんて，A'さんおかしいんじゃないの？

トレーナー　Zさん，ちょっとごめんなさい。率直に意見を言っていただくのはありがたいのですが，表現がきついように感じますし，否定や批判はしないというルールもありますよね。別の表現で言っていただきたいのですが，協力していただけますか？

Zさん　あ，すいません。そういうつもりではなかったんです。

トレーナー　はい，わかります。ご協力ありがとうございます。だとすると，どんな言い方がいいでしょうか？

Zさん　私としては，その状況に対してA'さんの反応が極端なんじゃないかなぁと思ったんです。

トレーナー　なるほど。ZさんとしてはA'さんの反応が極端なんじゃないかなと思われたのですね。ありがとうございます。他の方はどうでしょうか？

⑤ 参加者やトレーナーに対する個人的な質問が出て返答に困った際には，どうしたらよいでしょうか

ある程度の自己開示は協同関係（本書p.19参照）を強めるのに役立ちます。グループのルールには守秘が含まれていますし，安心して自己開示してもらえる場として，セッションは機能しています。そのうえで，参加者でもトレーナーでも答えたくなければ答えなくてよいという原則に沿って対応すればよいでしょう。そのことをあらかじめ参加者全員と共有しておきましょう。

例 説明の例

トレーナー　グループのなかでいろいろと発表していただいたり，ペアになってワークを進めていただいたりすることがあります。そういった際に，さらに詳しい情報が聞きたいと思われることがあるでしょう。ここで聞いたことは外で話さないというルールは，みなさんご理解いただいていると思います。そのうえで，個人的な質問を受けた際には，答えたいことは答えていただいて，答えたくないことは答えなくていいということを原則としていきたいと思います。私もそうしますね。

　また，トレーナーは自分自身が個人的なこと（たとえば，年齢や住所，既婚か未婚かなど）を聞かれた際に，何をどこまでどのように答えるか，あらかじめ考えておくことが必要です。正しい答え方というものはありませんので，トレーナー各自が自分の意思で決めておくとよいでしょう。

例 トレーナーとのやりとりの例①

B'さん　C'さん（トレーナー）は何歳ですか？
トレーナーC'　30代前半ですよ（このトレーナーは，具体的な年齢ではなく，何十代前半，何十代後半という風に答えることにしている）。

例 トレーナーとのやりとりの例②

D'さん　E'さん（トレーナー）は何歳ですか？
トレーナーE'　32歳ですよ（このトレーナーは，年齢について正確に答えることにしている）。

例 トレーナーとのやりとりの例③

F'さん　G'さん（トレーナー）の年収はいくらですか？
トレーナーG'　ごめんなさい，お答えできません（このトレーナーは，年収については答えないことにしている）。

例 トレーナーとのやりとりの例④

H'さん　I'さん（トレーナー）はどこに住んでいるんですか？
トレーナーI'　○○線沿線ですよ（このトレーナーは，自宅沿線については答えるが最寄駅は答えないことにしている）。

参加者の間で個人的な質問が出て，質問された参加者が困っている場合は，セッションの原則を伝えて対処するとよいでしょう。

> **例** 参加者同士のやりとりの例①

J'さん　K'さんの息子さんは，どこの高校に行っているのですか？
K'さん　息子の高校ですか？　息子の高校はですね……（困った顔をして言いよどむ）
トレーナー　K'さん，グループには聞いたことを外では話さないというルールがあります。ただ，個人的な質問には，答えたくなければ答える必要はありません。K'さんが話せる範囲で話してくだされればいいのですよ。
K'さん　そうですね。秘密を守るというルールがありましたね。であれば，かまいません。私立〇〇高校で，中高一貫で，ほとんどの子が有名大学に進学する進学校なんですが，息子は高校から入学しました。

> **例** 参加者同士のやりとりの例②

L'さん　M'さんのお勤めの会社は何ていう会社なんですか？　いや，ずいぶんひどい会社だと思って。
M'さん　えーっと……（沈黙する）
トレーナー　M'さん，グループには聞いたことを外では話さないというルールがあります。また，質問には答えたければ答えて，答えたくなければ答える必要はありません。M'さんの話せる範囲でお話しくださって大丈夫です。
M'さん　はい。では，会社名は言わないことにします。そのほうが安心して会社のことを言えるので。まず，名前を言ってわかるような有名な会社ではないんですよ。オフィスはワンフロア，社長もいつも同じ部屋にいるような規模の小さな会社で，ワンマンな社長なんです。みんな社長の顔色を見ているような。
トレーナー　L'さん，よろしいでしょうか？
L'さん　はい，大丈夫です。M'さん，大変ですね。

⑥ 自殺念慮の訴えが聞かれた場合は，どのように対処すればよいでしょうか

　個人で実施する場合でも，グループで実施する場合でも，自殺念慮の訴えが聞かれる可能性があることを承知のうえでプログラムを行なう必要があります。そして，訴えがあった際には，そのままにせず真剣に対処することが重要です。そのため，どのような対処をするのか，あらかじめ実施機関で決めておいてください。そして，実施機関で決めたルールに則って対応してください。ここでは，参考までに対応例をご紹介しますが，実施機関のルールを優先することが大切であることを忘れないようにしましょう。

まず，訴えがあった場合，きちんとその訴えに耳を傾け，対応策を一緒に考えることが大切です。グループの場合，グループのなかでもしっかりと扱いましょう。共感し，グループのケアする力を充分に引き出しましょう。加えて，個別に対応する必要があります。

また，グループに導入する前に，自殺企図の可能性が高いときは，グループの開始を待つのでなく，速やかに対応しましょう。つまり，実施機関で継続的に支援をするか，それが難しい場合，継続的な支援が受けられるところにつなぎます。

7 グループの参加者が多い場合には，どのように運営すればよいでしょうか

本書は，p.21にあるように，3～8名程度の参加者を想定して書かれています。その人数であれば，pp.18-19にあるような構造化のスキルを用いて対応できます。

人数がそれ以上になった場合，ひとつには時間を変更する（90分→120分）ことで対応する方法があります。また，20名を超えるような場合は，2つのグループに分けることもできるでしょう。

以上2つの方法が実行できない場合は，各回では数名の人だけに発表してもらう，1つの例を取り上げてメンバー全員で考える，一人の発表時間を短くする，グループの後で個別にフォローする時間を設ける，などの工夫もできるでしょう。

8 グループで遅刻や欠席が目立つ場合，どのようにすればよいでしょうか

このプログラムは一連の作業になるため，欠席や遅刻をしてしまうと，その部分についての理解が不足したり，他の参加者が不利益を被る可能性があります。そのため，原則的に欠席や遅刻はしないというルールをあらかじめ作っておく必要があるでしょう。

それでも遅刻や欠席がある場合，フォローするかどうか，するとしたらどのようにするか，あらかじめ実施機関の事情に合わせて決めて提示しておきましょう。フォローの方法としては，欠席した部分のワークブックを自分で実施してわからないところを質問してもらうことから，別の時間にグループ内で出た話題も含めて詳しく説明することまで，フォローの方法や内容には幅があります。またフォローの必要性も，参加者の理解度によって異なってきます。必要性の見極め方，料金の設定，いつ実施するのかなどについて，実施機関の事情に合わせたルール設定をしておきましょう。

これは筆者の意見ですが，このプログラムの参加者のなかには，遅刻や欠席をしないようにしようと思ってもしてしまう状態の方もいると思います。ですから，ルールをあまり厳しくしすぎず，できる範囲で極力フォローするようにするのがよいのではないでしょうか。まずは，遅刻や欠席の事情を共有して，一緒に問題解決をはかることを優先しましょう。

9 プログラムの時間外に「あの人と同じグループでは話がしにくい」というようなグループメンバーに対する不満が出た際には，どのように対応すればよいでしょうか

まずは，その人の思いを受け止めましょう。そして，相談できたことを評価し，一緒に問題を解決しようと提案してください。

たとえば，「率直に話してくださってありがとうございます。Aさんが参加しやすくなるために，どのような工夫ができるか一緒に考えてみませんか？」というように対処しましょう。

さらに学びたい人のために
「認知行動療法を提供する」スキルを身につける

　「認知行動療法を提供する」スキルを身につけるためには，①知識を得ること，②スキルを習得すること，③自分の知識やスキルについて振り返って不足している部分に気がつくこと，という①〜③の繰り返しが必要です。
　知識がなければ参加者に説明することができませんし，知識があってもスキルがなければ適切にCBTを「提供する」ことはできません。CBTの適用範囲は広がっており，学ぶべき内容も増加しています。自分の現在の知識やスキルをつねに振り返り，その向上をはかることが「認知行動療法を提供する」スキルを身につけるために必要だと考えられます。その方法として，以下の7つを提案します。

　　1──本を読む／映像資料を観る
　　2──ワークショップ，研修会，勉強会に参加する
　　3──自分の問題，ストレス体験にCBTを使う
　　4──仲間同士でロールプレイを行なう
　　5──クライアントとしてCBTを受ける
　　6──セッションに陪席する／陪席される
　　7──スーパービジョンを受ける／ピアスーパービジョンを行なう

　CBTの研修やスーパービジョンを受けられる機関は，これから増えていくと思います。その前にまずは，自分で本を使って自分のストレス体験を題材に行なって学ぶことができます。さらに，一緒に勉強する仲間を見つけられるとよいでしょう。そうすれば，勉強会やロールプレイを行なうこともできます。職場や研究会で講師を招いたり，研修会を企画したりしてもよいでしょう。
　CBTを身につける過程はステップバイステップです。それと同様に，CBTを提供するスキルを身につけることも，ステップバイステップで段階的に地道に1つずつ進めていくものです。そもそも，CBTのトレーナーは参加者のフィードバックを積極的に引き出し，セッションに活かしていくものです。参加者のフィードバックは，CBTを提供するスキルを身につけるためにも役立ちます。CBTを提供するスキルを

身につけたい人は，参加者をスーパーバイザーだと思って，参加者からのフィードバックを積極的に活かしていくとよいでしょう。

1 本を読む／映像資料を観る

CBTに限らず，何かを学ぶ際には本を読んだり映像資料を観たりする方法があります。多くの本や資料から学ぶことは役に立つでしょうし，CBTに関わるさまざまな理論や実践を知っていることは，CBTを提供するうえでも役立ちます。以下に推薦図書・映像資料を，難易度別に分けてご紹介します。

なお，参加者（クライアント）の問題を理解するプロセスを紹介する本では，著者によって使われている言葉に「概念化」「定式化」などバリエーションがありましたが，以下の紹介文では「ケースフォーミュレーション」に統一しました。

◎ 推薦図書
[初級編]

伊藤絵美（2005）認知療法・認知行動療法カウンセリング初級ワークショップ——CBTカウンセリング．星和書店．

　「ワークショップ」とタイトルにあるように，著者が開催しているCBTの初級ワークショップの内容を本にしたものです。話し言葉で書かれていてわかりやすく，読みやすい本です。"初級"とはいえ内容は非常に充実しており，CBTに必要不可欠なスキルが非常に具体的にわかりやすく解説されています。

伊藤絵美（2011）ケアする人も楽になる 認知行動療法入門 BOOK1＋BOOK2．医学書院．

　とても読みやすく書かれていますが，内容は充実しており，アセスメントから認知・行動への介入法，スキーマ療法についても紹介されています。看護師向けに書かれた本ですが，そのほかの職種の方にもおすすめできます。また，提示されている事例を読めば，CBTの流れを追体験，シミュレーションすることもできます。

マイケル・ニーナン＋ウィンディ・ドライデン［石垣琢麿＋丹野義彦＝監訳］（2010）認知行動療法100のポイント．金剛出版．

　CBTのポイントが100項目で解説されています。100項目のうち，好きなところだけを選んで読んでもよいのですが，全体を通して読むことで，CBTの理論的根拠，哲学から具体的な治療の進め方までを体系的に理解することができます。CBTに対する素朴な疑問とその回答も含まれています。

ポール・スタラード［下山晴彦＝監訳］（2006）子どもと若者のための認知行動療法ワークブック――上手に考え，気分はスッキリ．金剛出版．

ポール・スタラード［下山晴彦＝監訳］（2008）子どもと若者のための認知行動療法ガイドブック――上手に考え，気分はスッキリ．金剛出版．
　本書では，6歳ぐらいからの子どもと若者を対象に行なうCBTの工夫について，実践例を含めて書かれています。イラストを用いたり，映画などで登場する道具を比喩的に利用したり，さまざまな工夫が紹介されていて，子どもや若者はもちろん，成人を対象に行なう場合にも参考になるでしょう。

ロレーヌ・ベル［井沢功一朗＋松岡律＝訳］（2006）自傷行為とつらい感情に悩む人のために――ボーダーライン・パーソナリティ障害（BPD）のためのセルフヘルプ・マニュアル．誠信書房．
　不安，うつ，過食などに効果がある治療モデルをもとにして，ボーダーライン・パーソナリティ障害（境界性パーソナリティ障害：BPD）に対するスキーマ療法を中心としたCBTについて概観し，解説しています。BPD傾向がある人が，セルフヘルプのために使うこともできます。

デビッド・バーンズ［野村総一郎ほか＝訳］（2004）増補改訂 第2版 いやな気分よ，さようなら――自分で学ぶ「抑うつ」克服法．星和書店．
　増補改訂が繰り返されるほど多くの方に読まれているCBTのセルフヘルプ本で，多くの理論や技法，自己評価テスト，自分でトレーニングするためのチャートなどが網羅されています。本の厚さに圧倒されてしまうかもしれませんが，一冊で理論から実践まで幅広い内容について学ぶことができます。

[中級編]

クリスティン・A・パデスキー＋ウィレム・クレイン＋ロバート・ダッドリー［大野裕＝監訳］（2012）認知行動療法におけるレジリエンスと症例の概念化．星和書店．
　CBTにはさまざまなモデルがあります。さまざまなモデルをどのように選択・応用してケースフォーミュレーションを行なっていくのかについて，事例を通してわかりやすく伝えています。介入において，クライアントの強み（レジリエンス）を強調することの重要性も学べます。

伊藤絵美（2008）事例で学ぶ認知行動療法．誠信書房．
　CBTの基本モデルに基づいたケースフォーミュレーションや治療の展開について，大うつ病，パニック障害，摂食障害，対人恐怖など，幅広い事例が具体的に解説されています。また，面接場面における会話例も豊富に収録されており，CBTを提供する際に重要な基本的なスキルについても学べます。

熊野宏昭（2012）新世代の認知行動療法．日本評論社．

　　行動療法からCBTの現在に至るまでの歴史を概観し，その内容をわかりやすく解説した本です。臨床行動分析，マインドフルネス，メタ認知療法，行動活性化，弁証法的行動療法，ACT（アクセプタンス＆コミットメント・セラピー）までを，俯瞰的かつ丁寧に解説する画期的な入門書でもあります。

ジュディス・S・ベック［伊藤絵美＋神村栄一＋藤澤大介＝訳］（2015）認知行動療法実践ガイド 基礎から応用まで 第2版．星和書店．

　　標準的な認知行動療法のインテーク面接から治療の終結までの流れが丁寧に書かれており，特に認知再構成法について詳しく書かれています。治療者と患者のやりとりが詳細に説明されているため，実際に認知行動療法がどのように進んでいくかイメージできます。また，参加者への説明の参考にすることもできます。

［中級〜上級編］

ジェフリー・E・ヤング＋マジョリエ・E・ウェイシャー＋ジャネット・S・クロスコ［伊藤絵美＝監訳］（2008）スキーマ療法．金剛出版．

　　スキーマ療法は，CBTから発展した統合的なアプローチで，主にパーソナリティ障害や慢性化・複雑化した心理的問題に適用することができます。この本では，そのスキーマ療法の全貌を学ぶことができます。分量も多く，難しい用語も出てくるため，読むのは大変ですが，標準的なCBTを習得した後，オプションのスキルとして習得すると，パーソナリティの問題や長期にわたって生きづらさを抱える参加者に対応する際に役立つので，中級〜上級編としてはとてもおすすめです。

アーサー・M・ネズ＋エリザベス・R・ロンバルド＋クリスティン・M・ネズ［伊藤絵美＝監訳］（2008）認知行動療法における事例定式化と治療デザインの作成――問題解決アプローチ．星和書店．

　　CBTにおける問題解決アプローチの詳しい解説がされており，問題解決アプローチの考え方に則って，臨床現場で出会うケースを通して，実際どのようにケースフォーミュレーションを行なえばよいのかを学べます。後半は，臨床現場でよく出会うPTSD，うつ，怒りの問題などに対して，どのように技法を選び治療計画を進めていくべきかが解説されています。

ヴァレリー・L・ガウス［伊藤絵美＝監訳］（2012）成人アスペルガー症候群の認知行動療法．星和書店．

　　最近，臨床現場でアスペルガー症候群（AS）をもつ方に出会うことが多くなっています。ASについての専門家であり，CBTのエキスパートでもあるガウスによって書かれた，成人ASのCBTの実践的なマニュアルです。ASの中核的な問題の理解に，CBTの考え方やモデルがいかに役立つかが解説されています。そして，

CBTによるASの中核的問題に対する理解と対応と，二次的にもたらされる不安やうつなどのメンタルヘルスの問題の理解と対応についても書かれています。

◉ 映像資料

CBTの技術を習得するためには，実際の面接場面を見て学ぶことが最も役立ちます。まさに「百聞は一見に如かず」です。

伊藤絵美＋向谷地生良（2007）DVD＋BOOK認知行動療法，べてる式．医学書院．
　「べてる」とは，「浦河べてるの家」のことで，北海道浦河町にある精神障害者を中心としたコミュニティです。そこではさまざまなグループセッションが行なわれています。グループでCBTを行なう場合は，べてるの家で行なわれているグループワークを観ていただくと，楽しくCBTを勧めるための方法がわかります。特にDVDに収められている向井谷地悦子のSSTセッションからは，協同関係を活かしたグループの雰囲気を知ることができます。

アーロン・T・ベック＋ジュディス・ベック［古川壽亮＝訳］（2008）Beck & Beckの認知行動療法ライブセッション．医学書院．
　本書でも強調してきたCBTの基本的な重要な要素，協同関係，問題解決志向，双方向的コミュニケーション，構造化，ケースフォーミュレーションの実際を観ることができます。また，ベック親子が異なった面接スタイルをもっていることを知ることもできます。CBTの基本的な重要な要素さえ外さなければ，トレーナーは自分の個性を活かしてセッションを行なってよいことがわかるでしょう。

伊藤絵美（2005）認知療法・認知行動療法──面接の実際．星和書店．
　臨床現場で実際によく出会うクライアントを想定して，基本的なパターンを8つの面接場面で紹介しています。また，本書でも利用される基本モデルのアセスメントシートなどのツールの使い方や，CBTの基本原則・基本技法もわかりやすく解説されています。いろいろな要素がコンパクトに1セッションにまとめられているので，初学者は，DVDの1セッションをいくつかのセッションかに分けて行なうとよいでしょう。

2 ワークショップ，研修会，勉強会に参加する

CBTを学べるワークショップ，研修会，勉強会もあります。インターネットなどで情報を得て，参加してみるのもよいでしょう。

◉ ワークショップ・研修会・勉強会のご紹介

日本認知療法学会，日本認知・行動療法学会では，年次大会と同時期に研修会・ワークショップが実施され，その他の研修の情報がホームページに掲載されているこ

ともあります。

▶日本認知療法学会
http://jact.umin.jp/

▶日本認知・行動療法学会
http://jabt.umin.ne.jp/index3.html

　そのほか，ワークショップや研修会を行なっている機関を紹介します。詳細については，各自で各機関にお問い合わせのうえ，自分に役立つと思われる研修に参加してみてください。

▶洗足ストレスコーピング・サポートオフィス
　初級から実践，事例ワークショップと幅広く研修を行なっており，本プログラムを提供する際に直接役立つワークショップが行なわれています。
http://www.stress-coping.com/index.html

▶東京認知行動療法アカデミー
　幅広い専門性をもった講師によるさまざまなテーマの研修が行なわれており，受講科目数に応じて，初級，中級，上級の研修受講証明書が発行されます。
http://tokyocbt.com/

▶独立行政法人国立精神・神経医療研究センター認知行動療法センター
　幅広いテーマの研修が行なわれており，研修が開催される頻度が高く，無料あるいは安価で研修が受けられます。東京以外で行なわれる研修もあります。
http://www.ncnp.go.jp/cbt/index.html

3 自分の問題，ストレス体験にCBTを使う

　CBTに限らず，何かを学んだり習ったりするときのトレーナーやインストラクターは，教える内容に詳しいだけでなく，実際に使いこなしている人であることが望ましいでしょう。たとえば，ヨガ教室に通うことを考えてみてください。私たちがインストラクターに望むことは，ヨガについて詳しいことはもちろん，インストラクター自身が日常的に楽しくヨガを実践していて，健康的で生き生きしていることではないでしょうか。同様に，CBTを提供するためには，トレーナー自らがCBTを身につけて使いこなしていることが重要です。

　そもそもCBTはストレス体験に対処するためのものです。トレーナーとして成長するためには，生きていれば誰もがもつストレス体験に対して実際に使っていくことが役立ちます。トレーナーが知識をもっているだけでなく，自分でも使いこなして，

その効果や身につける難しさを実感していることが，CBTを提供する際に活きてきます。

自分のストレス体験に対してCBTを使っていることを参加者に伝えれば，参加者のモチベーションは高まるでしょう。また，CBTを使いこなしているトレーナーであれば，その使用感についても実感を伴って伝えることができるでしょう。ヨガのインストラクターが，「ヨガを始めてから肌の調子もいいんですよね」とか「繰り返し行なっているうちに最初は難しかったポーズもすんなりできるようになったりして楽しいですよ」などと言えば，「ヨガを始めようかな」「難しいけど，あきらめずに続けてみようかな」と思うでしょう。

CBTのトレーナーも「私は，『あーもうおしまいだ』という自動思考がしょっちゅう浮かんできていることに気がつきました。今では，この自動思考が浮かぶたびに，『あぁ，またこの自動思考が出ているな』と余裕をもって捉えられるようになりました」とか，「私は，相手に嫌われるのが怖くて，断ることが苦手だったのですが，『これは行動実験だ』と思い切って断ることに挑戦してみました。ですが，実際に相手から嫌われたということは1度もなかったんですよ」といった話をすることで，参加者は「CBTを始めてみようかな」「苦手なことにも挑戦してみようかな」と思ってくれるかもしれません。すでに，CBTに取り組みはじめた参加者が，さまざまな課題に難しさを感じたり，一時的にモチベーションを失いかけたりすることもあるでしょう。そのようなときにも，トレーナーが自分の体験について，「私も最初は自動思考をつかまえることを意識するのを忘れがちだったんですよね。いろいろな工夫をすることで意識して自動思考をつかまえられるようになりました」とか，「認知再構成法で，12個の質問全部に答えるのは面倒だと感じましたが，時間がかかっても一通り考えてみたほうが自分に役立つ考えにつながりやすいことがわかりました」と伝えることができれば，難しさを感じたり，モチベーションを失いかけたりした参加者も，気を取り直してCBTに対して取り組むことができるでしょう。

方法としては，自分一人でセルフヘルプ本（「1－本を読む／映像資料を観る」で紹介したもの）を読んだり，大島郁葉＋安元万佑子（2010）『認知行動療法を身につける』（金剛出版）をもとにして取り組むこともできますし，以下に示すクライアント体験やロールプレイのなかで行なうこともできます。

4 仲間同士でロールプレイを行なう

ロールプレイとは，CBTのセッションを想定して，それぞれがトレーナー役，参加者役になって，各役割を擬似体験し，学習する方法です。同僚やCBTを学ぶ仲間などと一緒に行なうとよいでしょう。その際は，トレーナー役，参加者役を入れ替えながら行なうことをおすすめします。

そのほかに観察者がいてもよいでしょう。観察者は，トレーナー役と参加者役がロールプレイを行なっている際に参加はせず，セッション全体の流れと両者のコミュニケーション（言語的・非言語的）を客観的に見てください。

ロールプレイは，単発で行なうこともできますし，継続してプログラム全体を疑似体験することもできます。いずれにせよ，ロールプレイの目的や設定などを確認することが必要です。ロールプレイを実施したら，それぞれが互いにフィードバックをします。

　トレーナー役としてロールプレイを行なうことによって，実際にトレーナーとしてセッションを行う前のリハーサルにもなり，トレーナーとしてのスキルの練習にもなります。また，参加者役や観察者からのフィードバックをもらうことで，さらにスキルを磨くことができます。

　参加者役としてロールプレイを行うことによって，疑似的に参加者の体験ができます。参加者役を経験すれば，実際の参加者の反応に対する理解が深まるでしょう。ロールプレイで自分自身のストレス体験を扱えば，「3－自分の問題，ストレス体験にCBTを使う」で述べた「自分の問題やストレスについてCBTを使う」のと同じ効果も得られます。

　観察者としてロールプレイに参加することで，観察学習ができます。自分がトレーナー役や参加者役としてロールプレイをしている際には気がつかない点について，客観的な視点から気がつくことができるでしょう。観察者が，トレーナー役と参加者役に対してフィードバックを行なうことで，さらにロールプレイの学習効果を高められます。

5 クライアントとしてCBTを受ける

　クライアント体験とは，CBTのトレーニングのために，あえてクライアントの立場で，CBTの専門家のカウンセリングを受けたり，グループに参加したりすることです。自分の時間やお金を使って，実際のCBTを体験することができます。それは，より実際のクライアントに近い体験です。当然，自分のストレス体験にCBTを使うことにもなります。さらに，トレーナーが実践の場で，どのようにCBTを進めていくのかを観察学習することができます。

6 セッションに陪席する／陪席される

　陪席とは，他のトレーナーのセッションに同席させてもらうことです。継続的に陪席する場合もあるでしょうし，そのセッションだけ陪席することもあるでしょう。

　陪席することによって，実際のセッションのプロセスや展開を見ることができます。やりとりのなかでどのようにトレーナーが対応しているかを観察学習することができ，セッションの後で，陪席中にはわからなかったことや疑問に思ったことをトレーナーに聞くことで，さらに理解が深まるでしょう。

　陪席は，する側だけでなく，される側にとっても貴重な学習機会になります。参加者からもフィードバックを得られますが，陪席した人から質問やフィードバックを得ることで，自分のスキルを振り返り改善することもできます。ぜひ，積極的に，互いに陪席したりされたりするようにしましょう。

なお，陪席したりされたりする場合には，必ず参加者の同意が必要です。あらかじめ同意を得てから陪席を実施しましょう。

7 スーパービジョンを受ける／ピアスーパービジョンを行なう

スーパービジョンとは，提供する支援（本書の場合はCBT）について，第三者に一緒に検討してもらったり，助言をもらったりすることです。助言をする人は，熟練者のことが多く，スーパーバイザーと呼びます。一対一で行なう個別スーパービジョンと，グループで行なうグループ・スーパービジョンがあります。CBTを提供する場合には，極力スーパービジョンを受けることをおすすめします。できれば，定期的かつ継続的に受けられるとよいでしょう。それが難しい場合は，単発でも受ける機会を見つけるようにしましょう。

スーパービジョンを受けることで，スーパーバイザーと一緒に自分の提供するCBTを振り返り，不足するスキルに気がついたり，セッションで生じる課題や困りごとへの対応を考えたりできます。スーパービジョンを受けることで，CBTは確実により早く上達します。

スーパーバイザーは，研究会や学会に積極的に参加して見つけましょう。また，所属していた学校（大学や大学院など）の教員に依頼したり，紹介してもらったりすることもできるかもしれません。

また，ピアスーパービジョンという方法もあります。これは同僚や勉強会の仲間同士で互いにスーパービジョンを行なう方法です。熟練者によるスーパービジョンを受けていてもいなくても，困ったときにすぐに相談できる同僚や仲間がいることは非常に役立ちます。熟練者によるスーパービジョンの代わりにはなりませんが，その機会が得難い場合にも受けられるという利点があります。ピアスーパービジョンは，行なう側にとっても非常に勉強になります。他のトレーナーにアドバイスすることは，自分の実践について再考することにもなり，自身のスキルアップにもなります。

あとがき

　2011年にトレーニングブックを刊行してから数年間で，認知行動療法も大きく変動しています。大胆なことを言えば，認知行動療法そのもののムーブメントはいったん落ち着いているようにも思えます。その代わりに，これまでの認知行動療法の反省点を踏まえ，新しい第三世代の認知行動療法や，認知行動療法の構造を利用しつつその思想は認知行動療法とは異なる立場を取っているスキーマ療法なども，少しずつ認知されつつあります。私自身もそういったムーブメントに突き動かされながら，認知行動療法を仕事においてもプライベートにおいても細々と使いつづけてきました。
　この数年間で私が治療者として学んだことを少しまとめて書きます。ひとつは，認知行動療法を専門にしているからといって，それが万能であると思うことや，万能であるかのように世間に吹聴することは極力避けるべきだということです。認知行動療法には，他の心理療法と同様に，できることとできないことがあります。もうひとつは，治療者はトレーニングを続けるべきであるということです。これは言うまでもありませんが，案外，組織的にトレーニングを受けていない治療者も少なくないように思います。認知行動療法であればクライアントが独力で行なうこともできますが，カウンセリングそのものは対人関係の要因も大きく，やはり，自分が治療を受けるという経験をしたほうが望ましいと思います。認知行動療法ではこの点はあまり強調されませんが，私は個人的には重要なことであると考えています。最後に，治療はあくまでもその受け手のニーズに合わせるということです。認知行動療法を行なうにあたっても，進行の速さや，何をどこまで扱うかで，その流れは千差万別です。最初にクライアントと一緒に治療の設計図を描くスキルが，実は一番大事であるでしょう。
　私は治療者のなかではまだおそらく若い部類に位置し，認知行動療法のスペシャリストとして認められている存在でもありません。しかし，認知行動療法のセラピストの多くが私と同じように十分なトレーニングの機会を得られない境遇にあるのではないでしょうか。そのような治療者の方々に臨場感や共感や具体性なイメージをもってもらえるようなガイドブックにしたいと思い，数年間，取り組んでまいりました。本書が，治療者の皆様のお役に立てば，とても光栄です。
　末筆になりましたが，監修を引き受けてくださった伊藤絵美先生と石垣琢麿先生，

共著者の先生方，編集者の方，皆様本当にありがとうございました。心から感謝申し上げます。

平成26年6月吉日

執筆者を代表して
大島 郁葉

監修者あとがき

石垣 琢麿

　臨床経験の浅い臨床家や大学院生のスーパーヴィジョンを行う際に，ことばではなかなか伝えづらいことがらがあります。それらには，「感じ方」や「直観」のような，臨床に必要なセンスの成分も含まれますが，もっと具体的でプラクティカルな，細かい事項も多いものです。スーパーヴァイジーのなかには，それがあまりにもプリミティブなことがらに思われてしまい，恥ずかしさから相談できず，長い間抱え込んでしまっている人もいます。スーパーヴァイザーも，相手が理解しているのだろうと勝手に思い込んだり，あえてことばにしなくても大丈夫だと判断したりして，臍を噛むことがあります。

　本書では，こうしたエアポケットのような部分に光を当てて，Q&A方式でことばにしています。そうすべきだと著者たちが考えたのは，少し前まで自分が困っていたことだからであり，だからこそ本書は単なるマニュアルを超えたガイドブックになっています。責任をもって「認知行動療法を提供する」ために必要な最低限の自信をつけるには，具体的にどうすればよいかを著者たちは考え続け，それが形になったのが本書なのです。

　本書のもうひとつの特長は，個人とグループの認知行動療法を並列的に解説しているところです。日本の心理職の現状では，同じ施設で個人もグループも対象にしなければならないことが多いようです。もちろん，認知行動療法においてもそれぞれに成書，良書がすでにたくさんありますが，同じ本のなかで比較，参照できる利点は大きいと思います。これも，著者たちが認知行動療法を研修するプロセスで，並列的に解説する必要性を強く感じたことによります。

　このようにオリジナリティと実践性の高い本を上梓することができましたが，著者たちの高い理想を満たすために，完成まで何度もミーティングが行われ，予想以上の時間がかかりました。その間，辛抱強く編集の労を取っていただいた金剛出版・藤井裕二氏に心から感謝いたします。

巻末付録

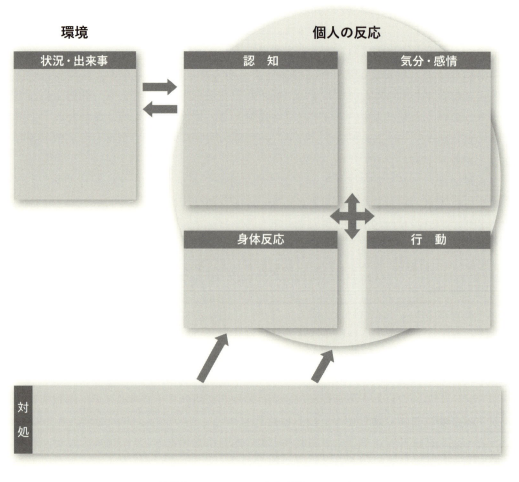

付録1 ■ アセスメントと対処のシート

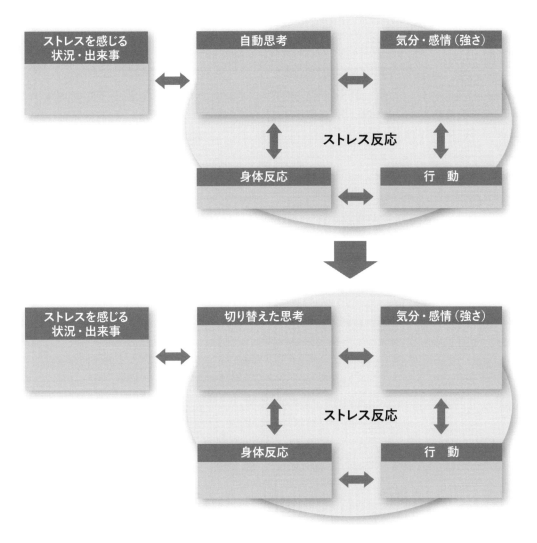

付録2 ■ストレス場面における自動思考を同定するためのシート

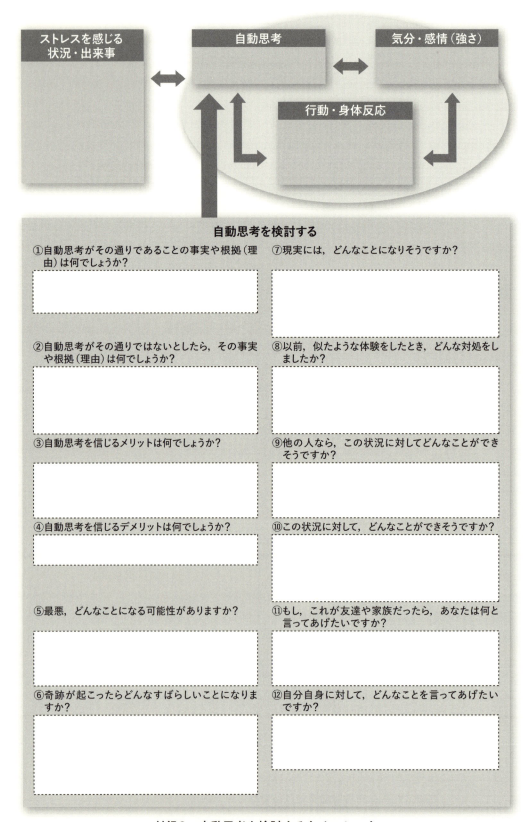

付録3 ■ 自動思考を検討するためのシート

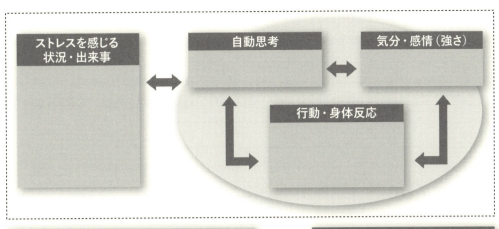

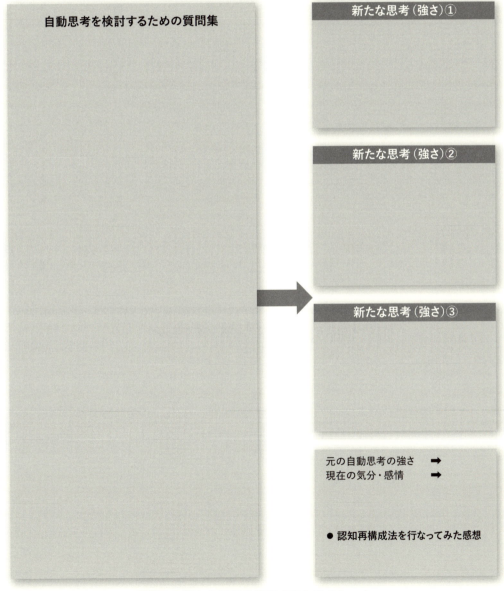

付録4 ■ 新たな思考を案出するためのシート

目標を達成するための具体的な手段	効果的か	実行可能か
1. _____ _____ _____	(　　%)	(　　%)
2. _____ _____ _____	(　　%)	(　　%)
3. _____ _____ _____	(　　%)	(　　%)
4. _____ _____ _____	(　　%)	(　　%)
5. _____ _____ _____	(　　%)	(　　%)
6. _____ _____ _____	(　　%)	(　　%)
7. _____ _____ _____	(　　%)	(　　%)

付録5 ■ 目標を達成するための具体的な手段のシート

問題解決をするためのシート

①問題状況を具体的に把握する

②問題解決のための認知を整える

1. 生きていれば、何らかの問題は生じるものだ。問題があること自体を受け入れよう。
2. 原因を1つに決めつけず、さまざまな要因を見つけてみよう。
3. 問題を「悩む」のではなく、「何らかの解決を試みるべき状況」として捉えてみよう。
4. 大きな問題は小分けにしてみよう。小さな問題に分解して、突破口を見つけよう。
5. 「解決できるか」ではなく、「対処できそうなこと」「できないこと」を見極めよう。
6. できることから手をつけよう。「実験」としてチャレンジしてみよう。
7. どんなことを自分に言うといいだろうか？ 下欄に記入してみよう。

③達成可能で現実的な目標を具体的にイメージする

④目標を達成するための具体的な手段を出し、検討する

目標を達成するための具体的な手段	効果的か	実行可能か
1.	（　　％）	（　　％）
2.	（　　％）	（　　％）
3.	（　　％）	（　　％）
4.	（　　％）	（　　％）
5.	（　　％）	（　　％）
6.	（　　％）	（　　％）
7.	（　　％）	（　　％）

⑤行動実験のための具体的な実行計画を立てる

付録6 ■ 問題解決をするためのシート

著者略歴

大島 郁葉……おおしま ふみよ

臨床心理士，医学博士。千葉大学大学院医学研究院先端生命科学研究科博士課程修了。獨協医科大学病院小児科，ハートクリニック町田心理室などを経て，現在，千葉大学子どものこころの発達教育研究センター非常勤講師，日本学術振興会特別研究員。

著訳書──『美容師のためのカウンセリング』（共編，ナカニシヤ出版，2009），『認知行動療法を身につける──グループとセルフヘルプのためのCBTトレーニングブック』（共著，金剛出版，2011），デイビッド・ファウラー＋フィリッパ・ガレティ＋エリザベス・カイパース『統合失調症を理解し支援するための認知行動療法』（分担訳，金剛出版，2011）。

［担当●第1・9・10・11・12回／まえがき／あとがき］

葉柴 陽子……はしば ようこ

臨床心理士。横浜国立大学大学院修了後，独立行政法人国立病院機構久里浜アルコール症センター医療観察法病棟（現久里浜医療センター），東京都医学総合研究所，東京大学学生相談所等で勤務。現在，メディカルケア虎ノ門で認知行動カウンセリング，府中刑務所で性犯罪者再犯防止プログラム（集団認知行動療法）等に従事。

著訳書──『集団認知行動療法実践マニュアル』（共著，星和書店，2011），デイビッド・ファウラー＋フィリッパ・ガレティ＋エリザベス・カイパース『統合失調症を理解し支援するための認知行動療法』（分担訳，金剛出版，2011）など。

［担当●第4・5・12回／トレーナーが陥りがちなトラブルとその対策／さらに学びたい人のために］

和田 聡美……わだ さとみ

臨床心理士。武蔵野大学大学院修了後，医療法人社団ハートクリニック，学校法人滋慶学園東京医薬専門学校学生相談室で勤務。現在，社会福祉法人日本心身障害児協会島田療育センターで応用行動分析や認知行動療法を用いた発達支援，地域支援等に従事。

［担当●第6・7・8回］

山本 裕美子……やまもと ゆみこ

臨床心理士。横浜国立大学大学院教育学研究科学校教育臨床専攻修了。医療法人社団ハートクリニック，神奈川県立精神医療センター芹香病院などを経て，現在，田園調布カウンセリングオフィス所属。

訳書──マイケル・ニーナン＋ウィンディ・ドライデン『認知行動療法100のポイント』（分担訳，金剛出版，2010），デイビッド・ファウラー＋フィリッパ・ガレティ＋エリザベス・カイパース『統合失調症を理解し支援するための認知行動療法』（分担訳，金剛出版，2011）など。

［担当●第2・3回／トレーナーに必要とされる態度やスキル］

監修者略歴

伊藤 絵美……いとうえみ

1996年，慶応義塾大学大学院社会学研究科後期博士課程単位取得退学。2004年より，洗足ストレスコーピング・サポートオフィス所長。博士（社会学），臨床心理士。

主要著訳書──J・S・ベック『認知療法実践ガイド』（共訳，星和書店，2004），『認知療法・認知行動療法カウンセリング初級ワークショップ』（単著，星和書店，2005），『認知行動療法，べてる式。』（共著，医学書院，2007），ジェフリー・E・ヤング＋ジャネット・S・クロスコ＋マジョリエ・E・ウェイシャー『スキーマ療法──パーソナリティの問題に対する統合的認知行動療法アプローチ』（監訳，金剛出版，2008），『事例で学ぶ認知行動療法』（単著，誠信書房，2008），『認知行動療法実践ワークショップⅠ──ケースフォーミュレーション編（1）』（単著，星和書店，2010），『ケアする人も楽になる 認知行動療法入門BOOK1＋BOOK2』（単著，医学書院，2011），『認知行動療法を身につける──グループとセルフヘルプのためのCBTトレーニングブック』（監修，金剛出版，2011），『成人アスペルガー症候群の認知行動療法』（監訳，星和書店，2012），『スキーマ療法入門──理論と事例で学ぶスキーマ療法の基礎と応用』（編著，星和書店，2013）ほか多数。

石垣 琢麿……いしがき たくま

1987年，東京大学文学部心理学科卒業。1993年，浜松医科大学医学部卒業。1999年，東京大学大学院総合文化研究科博士課程修了。現在，東京大学大学院総合文化研究科教授。精神保健指定医，精神科専門医，臨床心理士。

主要著訳書──『幻聴と妄想の認知臨床心理学──精神疾患への症状別アプローチ』（単著，東京大学出版会，2001），『統合失調症の臨床心理学』（共著，東京大学出版会，2003），『心理学をつかむ』（共著，有斐閣，2009），マイケル・ニーナン＋ウィンディ・ドライデン『認知行動療法100のポイント』（監訳，金剛出版，2010），T・P・ホーガン『心理テスト──理論と実践の架け橋』（共訳，培風館，2010），デイビッド・ファウラー＋フィリッパ・ガレティ＋エリザベス・カイパース『統合失調症を理解し支援するための認知行動療法』（監訳，金剛出版，2011），『認知行動療法を身につける──グループとセルフヘルプのためのCBTトレーニングブック』（監修，金剛出版，2011），マイケル・ニーナン『あなたの自己回復力を育てる──認知行動療法とレジリエンス』（監訳，金剛出版，2015），『臨床心理学』（共編著，有斐閣，2015）ほか多数。

Challenge the CBT シリーズ

認知行動療法を提供する
クライアントとともに歩む実践家のためのガイドブック

2015年8月1日　印刷
2015年8月10日　発行

監修者──伊藤絵美
　　　　　石垣琢麿
著者───大島郁葉
　　　　　葉柴陽子
　　　　　和田聡美
　　　　　山本裕美子
発行者──立石正信
発行所──株式会社 金剛出版
　　　　　〒112-0005 東京都文京区水道1-5-16
　　　　　電話 03-3815-6661
　　　　　振替 00120-6-34848

装丁◉永松大剛［BUFFALO.GYM］
組版◉石倉康次
印刷・製本◉音羽印刷

©2015 Printed in Japan
ISBN978-4-7724-1440-1 C3011

認知行動療法を身につける
グループとセルフヘルプのためのCBTトレーニングブック

伊藤絵美＋石垣琢麿 監修
大島郁葉＋安元万佑子 著

B5判｜並製｜208頁｜定価［本体2,800円＋税］

世界でたったひとつのCBT

セルフアセスメントで認知と行動のメカニズムを知り対処につなぐ，
個別＋グループに対応可，アレンジ＋カスタマイズ自在，
オーダーメイド型CBT！